日本の遺跡 32

# 原の辻遺跡

宮崎貴夫 著

同成社

復元整備が進む原の辻遺跡（中央の祭儀場を中心に）

原の辻遺跡遠景（西から、内海・八幡半島を望む）

船着き場復元模型

(西から)

日本最古の
船着き場跡

(東側突堤、東から)

発掘時の濠（石田高原地区、弥生時代中期～後期）

**2重、3重に集落をめぐる環壕**

遺物出土状況（高元地区、弥生時代後期）

交流拠点を物語る
さまざまな大陸・
朝鮮半島系の土器

朝鮮系無文土器

三韓系瓦質土器

楽浪系瓦質土器

陶質土器

# 目　次


はじめに　3

Ⅰ　船着き場跡の発見……7

Ⅱ　壱岐の自然的・歴史的環境……11

1　壱岐の地理的位置と風土　11

2　壱岐の歴史的環境　13

3　壱岐の環境的特性　25

Ⅲ　原の辻遺跡調査研究の歩み……27

1　遺跡発見から東亜考古学会の調査　27

2　石田大原墓域の調査から範囲確認調査　29

3　環濠の確認から国特別史跡の指定と整備　31

Ⅳ　集落の変遷と歴史的契機について……59

1　遺跡の立地環境　59

2 原の辻集落成立前後の様相 60
3 第Ⅰ期—集落の形成と木器・石器工房 62
4 第Ⅱ期—環濠集落の成立と交易の活発化 65
5 第Ⅲ期—環濠の再掘削と低地居住の放棄 68
6 第Ⅳ期—環濠の消滅 72
7 第Ⅴ期—原の辻大集落の解体 74

Ⅴ 発掘調査の成果と評価……83

1 船着き場跡について 83
2 祭儀場について 93
3 台地中心域の居住の様相 96
4 墓域について 98
5 大陸・朝鮮半島系土器と対外交流の実態 111
6 「交易機構」「貿易論」と原の辻遺跡 120
7 銭・権・市からみる交流の実態 130

Ⅵ　原の辻遺跡の保存と復元整備……………………139
1　原の辻遺跡の保存と史跡指定　139
2　原の辻遺跡保存整備計画の策定　141
3　県立埋蔵文化財センター・市立一支国博物館の整備計画　144
4　原の辻遺跡の第一期保存整備計画　145
参考文献　152
あとがき　159

復元された祭儀場の建物群
装丁　吉永聖児

# 原の辻遺跡

# はじめに

九州北西海上の玄界灘に浮かぶ壱岐島は、古来から対馬島とともに、中国・朝鮮半島との対外交渉に重要な役割を果たしてきた島である。壱岐は、『三国志』魏書東夷伝倭人の条、いわゆる『魏志倭人伝』に「一支国《いきこく》」の名で登場し、対馬国と同じように南に北に海を渡って交易して生活していると記述されている。

壱岐島の南東部に位置する原の辻遺跡は、明治時代に地元研究者によって発見され、大正から昭和の初めごろに学界に紹介された。戦後には、東亜考古学会などによる調査が行われ、全国的に注目を集める遺跡となった。

一九九三（平成五年）には、幡鉾川《はたほこがわ》流域総合整備計画にともなう遺跡の発掘調査において、遺跡が大規模な多重環濠集落であることが確認され、その後、本格的な調査が継続的に実施されることにより、原の辻遺跡が「一支国」の中心となる王都であることが確定した。さらに一九九六（平成八）年には、東アジアで最も古い弥生中期の船着き場跡が発見され、中国大陸や朝鮮半島から海を介して原の辻遺跡に運ばれてきた多くの国際色豊かな品々の出土によって、大陸と日本列島を結ぶ交流拠点であったことが証明された。

このような調査研究の積み重ねにより、原の辻遺跡は、一九九七年（平成九）年九月二日に、弥生時代の重要遺跡として、国の史跡に指定された。二〇〇〇（平成十二）年十一月二十四日には、継続して行われていた調査成果が実り、『魏志倭人伝』に記載された弥生時代の国の中心集落（国邑）の構造や実態を解明できる遺跡として、学術的価値がきわめて高く重要な遺跡であるとの

**図1**　海に浮かぶ壱岐島

評価を受け、国の特別史跡に指定された。弥生時代の集落遺跡においては、登呂遺跡（静岡県）と吉野ヶ里遺跡（佐賀県）に次ぐ三番目の遺跡となったのである。

筆者は、一九九五（平成七）年度から一九九九（平成十一）年度の五年間、壱岐の原の辻遺跡調査事務所に勤務し、弥生時代の研究者が憧れる遺跡の発掘調査に従事する幸運を得た。一九九六（平成八）年度には船着き場跡の発掘に携わり、一九九七（平成九）年九月には原の辻遺跡が国指定史跡に指定されるなど、現場担当者としてかけがいのない貴重な時間を過ごすことができた。

その後、二〇〇〇（平成十二）年には本庁に戻ったが、原の辻遺跡が同年十一月に特別史跡に昇格したことで、二〇〇一（平成十三）年度と二〇〇二（平成十四）年度に記念事業が計画され、『発掘「倭人伝」—海の王都、壱岐・原の辻遺跡展―』と『発掘「倭人伝」―国特別史跡指定記念シンポジウム』の企画にかかわることになった。

その遺跡展図録の終章に、「あとがき」として、「今後も継続する調査の展開によって、五年後、一〇年後に原の辻遺跡がどのような姿で描かれていくのか、今から楽しみである」と記した。

原の辻遺跡は、現在も長崎県と壱岐市の双方のスタッフによって調査が継続して行われ、二〇〇五（平成十七）年度からは壱岐市によって第一期の保存整備が開始されている。原の辻遺跡は、今後も調査が継続して行われることで、これからも新たな発見があり、ますます豊饒な内容が明らかになっていくことと思われる。

今後の原の辻遺跡での、弥生時代研究を書きかえるような大発見への期待をもちながらも、ここでは現在の成果によって「一支国の王都」の世界へ案内させていただきたい。

# Ⅰ　船着き場跡の発見

長崎県壱岐島南部を東に流れる幡鉾川流域一帯に、大規模圃場整備が計画されたことにより、一九九六（平成八）年五月、台地西側の低地で南北の水路と東西に交差する農道予定地の発掘調査を行っていた。

同年八月初め、石積みの堤防のような遺構が二本並んで現れたが、遺構を掘り下げた結果、弥生時代中期前半代の遺構であることが確認できた。しかし、石積みを行った大掛かりな施設であり、これまでの弥生時代の研究のなかでは類例のない特異な遺構であることから、弥生時代や古代の土木技術研究の第一人者である工楽善通（当時奈良国立文化財研究所埋蔵文化財センター長）を現地に招聘して検討をお願いした。この調査と原の辻遺跡調査指導委員会での検討により、この遺構は弥生時代中期前半に築かれた日本最古の船着き場跡であり、東アジアで最も古い船着き場であることが判明した。

一九九七（平成九）年九月十九日、ヘリコプター二基が上空を旋回する騒々しい雰囲気のなかで現地での記者発表と現場説明会が行われた。現在確認できるなかで、東アジアにおいて最も古い

図2　船着き場跡の発見

この船着き場遺構は、敷《しき》粗《そ》朶《だ》工《こう》法《ほう》という大陸系統の最新の土木工法を用い石を多用した施設であり、それまでの弥生時代の土木技術研究を塗り替える衝撃的な発見であった。

　この船着き場跡は、中国大陸や朝鮮半島から海を介して運ばれてきた多くの国際色豊かな遺物とともに、三世紀の中国の歴史書の『魏志倭人伝』に記載される「一支国」が大陸と日本列島を結ぶ国際的な交流拠点であったことを明らかにし、「一支国」の王都（国邑）である原の辻遺跡の性格を象徴的に示すきわめて重要な遺構となったのである。

# Ⅱ　壱岐の自然的・歴史的環境

## 1　壱岐の地理的位置と風土

朝鮮半島と九州本土に挟まれた玄界灘に浮かぶ壱岐島は、大陸と一衣帯水に対峙し、古来より対馬とともに海上ルート上の要衝として大陸と日本列島を結ぶ重要な役割を果たしてきた。

その壱岐の地理的位置を見ると、韓国釜山～対馬が約五〇キロあり、対馬～壱岐が約六六キロ、壱岐～唐津が約四二キロ、壱岐～博多が約六六キロの距離に位置している。現在の壱岐への交通アクセスは、航路では博多港から壱岐の郷ノ浦港と芦辺港へのフェリーと高速船が出ており、寄航後これらはさらに対馬の厳原港へと向かう。また、唐津港からは、壱岐の印通寺港へのフェリーの船便がある。空路では長崎空港から壱岐空港への航空便がある。

壱岐は、現行の行政区分では長崎県に属し、二〇〇四（平成十六）年三月に壱岐郡四町が合併して壱岐市となった。二〇〇七（平成十九）年現在で、約三二〇〇〇人が居住する。島の規模は、東西約一五キロ、南北約一七キロ、面積約一三八平方キロの

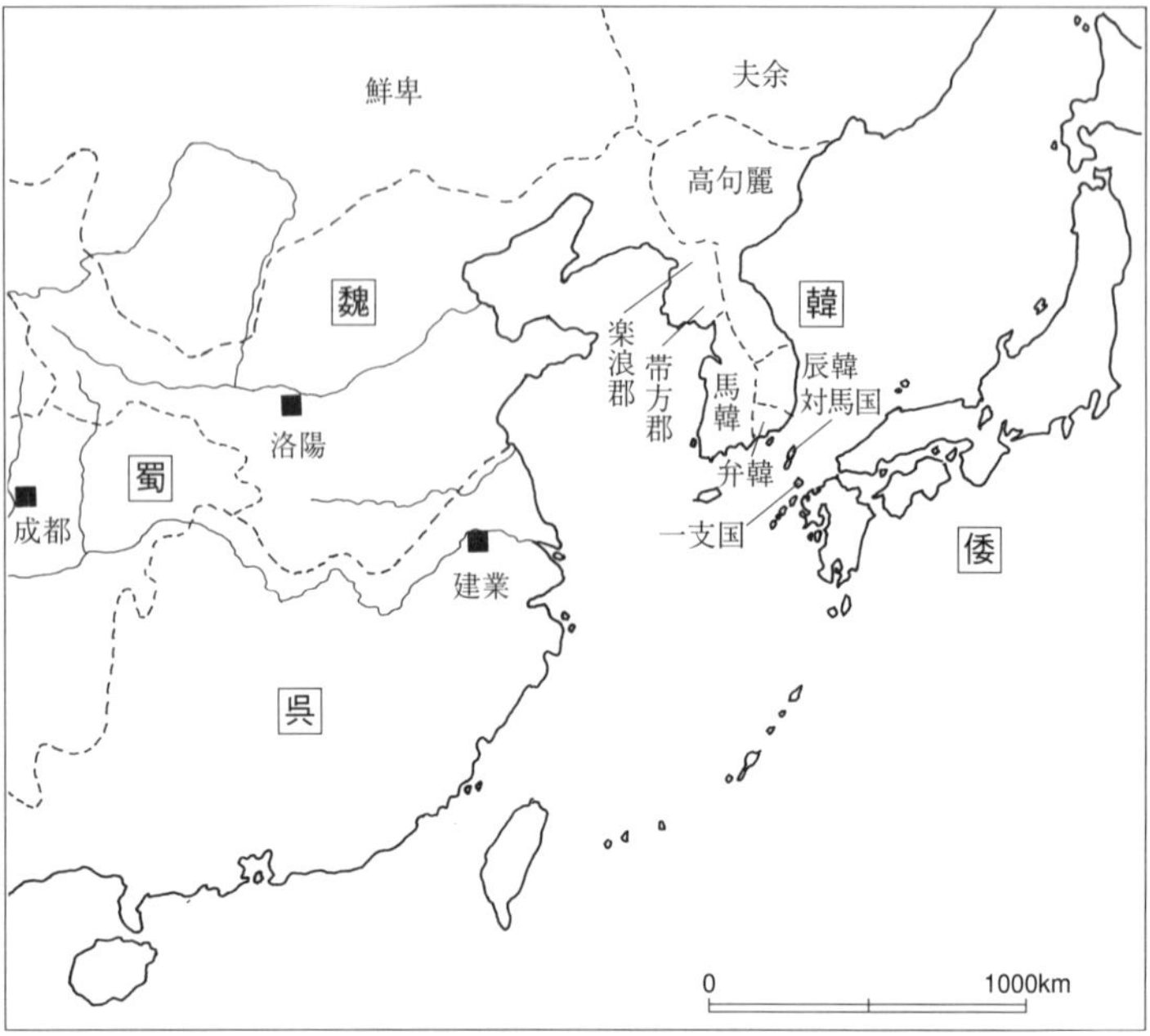


**図 3**　3 世紀中頃の東アジア

島で、北方領土を除くと全国で二〇番目の大きさの島である。島の基盤をなすのは砂岩などの堆積岩からなる第三紀層である。その上を玄武岩を主体とする火成岩層が覆って、丘陵性の平らな地形を形成している。島で最も高いところは、岳《たけ》の辻《つじ》という山で標高二一三メートルにすぎず、三〇〇～五〇〇メートル級の山々が連なる対馬との違いをみせる。

　集落の在り方は、平野が乏しい対馬は海岸に集中した「浦」集落をなすが、平坦な地形をもつ壱岐の場合は、「浦」と内陸部の「在」(触《ふれ》)の双方の集落形態をもつ。壱岐は、江戸時代には平戸松浦藩に組み入れられており、海岸部の浦が浦役人の治める「浦集落」、内陸部の集落が古代から継続していた〝郷〟より区域が狭く、藩の示達を村民に通達する触役が担当する区域の「触集落」として編成されていた。

地勢的には、壱岐は周囲を海に面し、高い山がないため、冬場にきびしい北西風が吹きわたる島である。内陸にある触集落は、風を避けるため背《せ》戸山《どんやま》の防風林を背後にもち、島の南側から見ると家々が点々と散らばる散村形態をなしている。また、壱岐は土地利用しやすい平坦な地形であるため、耕地面積が四五〇〇㌶《ヘクタール》余りあり、島の土地面積の約三三％を占め、長崎県で最も高い耕地率をもつ。これに対して、『魏志倭人伝』にいう山島という表現があてはまる対馬では、山林が約八八％を占め、耕地が約三％にすぎない。壱岐と対馬は、天気予報などでも壱岐・対馬地方とひと括りにされることが多いが、実際には約六〇㌔《キロ》以上離れている。双方ともに大陸先進文化流入の窓口として対外交渉において大きな役割を果たし、兄弟のような関係にありながらも、異なる地勢と風土のなかで両者の歴史的な個性が織りなされていったのである。

## 2 壱岐の歴史的環境

### (一) 『魏志倭人伝』と一支国

壱岐は、三世紀の中国の正史『三国志』魏書東夷伝倭人の条、いわゆる『魏志倭人伝』に「一支国」の名で登場する。

又、南、一海を渡ること千余里。名づけて瀚海《かんかい》という。一大国（一支国）に至る。官をまた卑狗《ひこ》といい、副を卑奴母離《ひなもり》という。方三百里ばかり、竹林叢林多く、三千ばかりの家あり、やや田地あり田を耕せどなお食するに足らず、また南北に市《し》糴す。（石原道博訳）

このように、一支国については、五〇字ほどの記載がある。『魏志倭人伝』に記載された三〇余

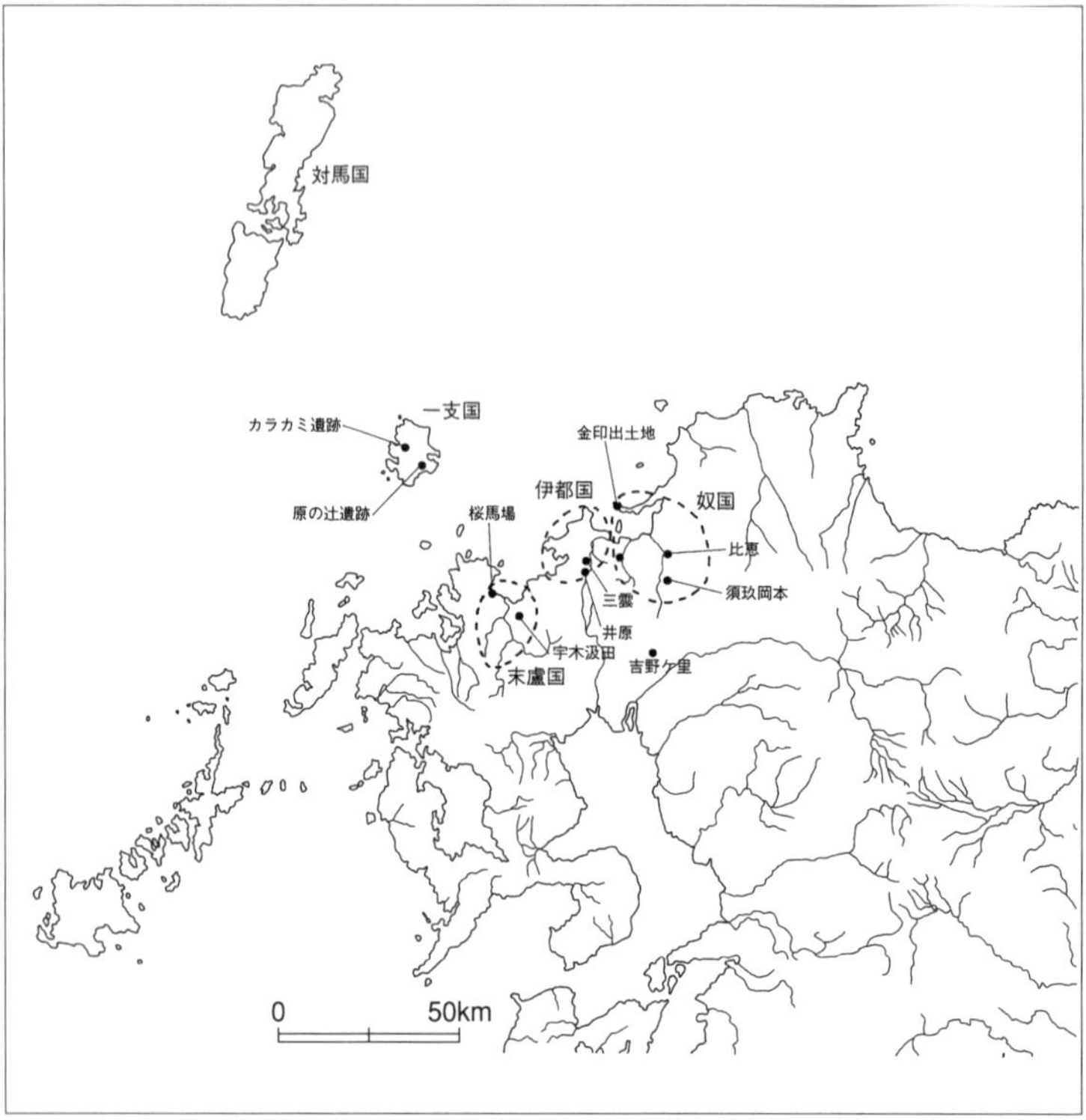


図4　『魏志』倭人伝のクニグニ

りの国のなかでは、対馬国と一支国だけが、位置だけでなく、島であるため自ずと国の領域がわかるという利点がある。

原の辻遺跡の丘陵上に立ち周囲を眺めると、北側には壱岐で最も広い流域をもつ幡鉾川《はたほこがわ》が西から東に流れ、内海《うちめ》という湾に注いでいる。幡鉾川は、一九三九（昭和十四）年には直線的な河川に改修されたが、改修以前は河川が蛇行して流れ、一帯には水田ばかりでなく微高地や沼があったとの古老の話を聞くことができた。また、河川の付近には「川原《かわはら》畑《ばたけ》」という字名も残っている。今も遺跡のある台地の高所に立つと、原の辻遺跡周辺の低地には、「深江《ふかえ》田原《たばる》」とよばれる長崎県で第二番目に広い約三五〇ヘクタール《ヘクタール》の水田地帯が拡がり、周囲の丘陵にシイ・カシなどの照葉樹とマダケなどの竹林が繁茂している風景を臨むことができる。現在の圃場整備された水田が一面に拡がる情景ではなかったであろうが、邪馬台国への道のりに一支国の王都である原の辻遺跡を訪れた魏の使節は、遺跡の丘陵に立って今とほとんどかわりなかった周囲の風景を眺望し、旅行記録をしたためたのであろうことが想像されてくる。

このように、原の辻遺跡の周辺は現在にいたっても都市化されずに田園風景が保たれており、この「弥生の原風景」を彷彿とさせる景観は、古代の遺跡のイメージを喚起させて想像力をふくらませるための稀有の舞台装置となっている。

一支国の人口を示すと思われる「三千ばかりの家」という記述については、他の国が「戸」という世帯数を示す表現をとっているのに対して、一支国と不弥国だけが「家」という記述をしている。「戸」ではなく「家」というあいまいな表現を使ったことについて推察すると、一支国では「南北市糴《なんぼくしてき》」の航海による島民の長期にわたる海外出張や、大陸や本土からやってくる交易のための渡航者が多いため、人数が確定しにくく、魏の使者から問われた際にあいまいな表現をとらざるを得なかった事情があったのではないかと想像されてくる。また、同じく「家」という表現を使っている不弥国にも似たような状況があったとも考えられる。

壱岐の奈良時代の人口については、澤田吾一が『三代実録』（八七六・貞観一八年）などから約一万六〇〇〇人と推計している。また、中世後期については、地元研究者の横山順が、朝鮮王朝の『海東諸国紀』（一四七一・文明三年）から壱岐の戸数を二二〇〇余戸と推定し、一戸平均五人として約一万一〇〇〇人と推計している。「三千戸」であれば、一戸あたり五人とすれば一万五〇〇〇人という数字が算出できるが、弥生時代の一支国の人口が壱岐の古代・中世の一万人余を超えることはないであろう。異国からの渡来者も含めてこの数字に近い人口数を擁していたことが推測されるのではなかろうか。

「やや田地あり田を耕せどなお食するに足らず、また南北に市糴す」との記述については、まだ遺跡での水田耕地の範囲と面積が確定できていないので、どれほどの人口が養えたかについて推定ができない。しかし、昭和二十年末〜三十年頃に圃場整備が行われた「深江田原」の以前の状況を語った古老の話などを参考にすれば、「深江田原」は現在のような一面に水田化された穀倉地帯でなく、弥生時代には一支国の人びとを賄っていくのに充分な米の生産量がなかったと考えられる。したがって、海を介して行う「南北市糴」の交易によって食糧調達を行っていたことが、『魏志倭人伝』の記述に反映されていると推定されるのである。

また、原の辻遺跡で出土している楽浪系土器や無文土器・三韓系土器、青銅器、鉄器などの大陸・朝鮮半島からもたらされた品々、そして日本列島各地から搬入された弥生土器・土師器、北部九州地域で生産された青銅器などは、大陸・朝鮮半島との頻繁な往来・交流と日本列島各地との広域な交流および活動範囲を示しており、一支国の人びとと自らが交易（南北市糴・中継貿易）に従事していたばかりでなく、原の辻遺跡が、大陸・朝鮮半島や日本列島から人・モノ・情報が集まる求心力をもった場所であったことを物語っている。

一九九六（平成八）年に発見された船着き場跡

は、原の辻遺跡がそのような交流・交易拠点であったことを具体的に示している象徴的な遺構である。

また、『魏志倭人伝』の記述にかかわる遺物としては、なにか事を起したり旅行をするなどの際に行った骨占いの「卜骨《ぼっこつ》」、祖霊信仰の「鬼道《きどう》」（鬼神崇拝）を物語る「人面石製品」（人面石）、「市」にかかわる資料として「権《けん》」（棹秤《さおばかり》の錘《おもり》）が出土している。このなかでも、とくに原の辻遺跡の特性を示し、交流・交易にかかわる資料である「権」については、Ⅴ章で詳述したい。

## （二）遺跡の様相と動向

壱岐での遺跡は、現在約四八〇カ所が確認されている。長崎県内の遺跡分布状況をみると、壱岐は郡市単位では最も遺跡密度の高い地域である。

以下では、これら壱岐島の遺跡について、時代別に分け、その概略を述べていく。

### 旧石器時代

遺跡は六カ所確認されている。そのなかでも原の辻遺跡では、原の辻型台形様石器に特徴づけられるように、後期旧石器時代の石器群が出土している。さらにまだ旧石器を直接ともなってはいないが、ナウマンゾウ、オオツノジカなどの大型動物化石も発見されており、ゾウなどを追って暮らしていた人びとの生活が想像されてくる。

### 縄文時代

遺跡は二〇カ所ほどが知られている。代表的な縄文遺跡は、勝本町の松崎遺跡（縄文前期～中期）、郷ノ浦町の名切《なきり》遺跡（縄文前期～晩期）、同町の鎌崎《かまさき》遺跡（縄文中期～後期）などの西海岸の遺跡があげられ、海に比重をおいた生活が営まれていたことが推測される。名切遺跡では、ドングリ貯蔵穴が発見されたが、ほかの遺跡では明確な遺構が確認されておらず、

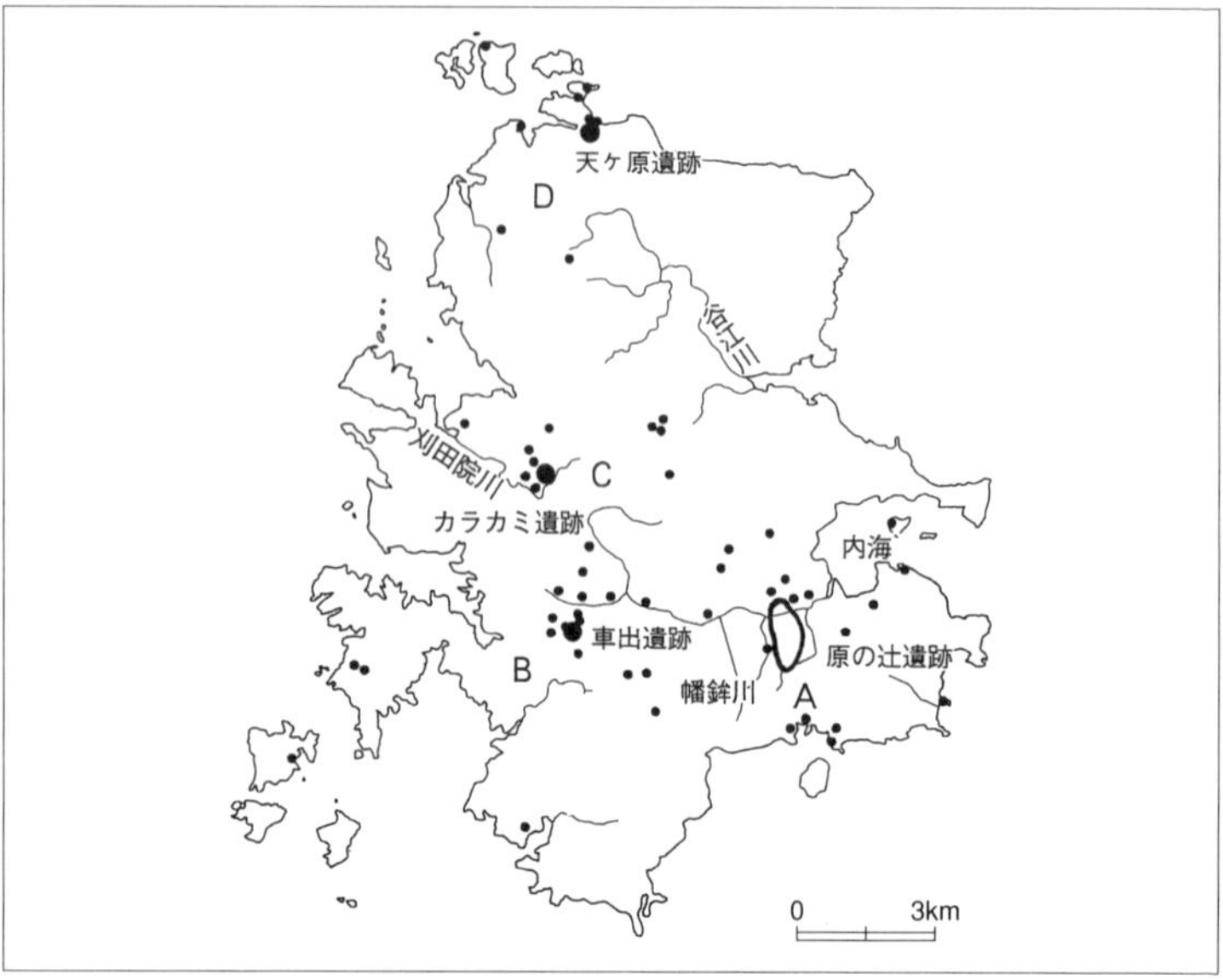


**図５**　壱岐の弥生時代遺跡分布図

九州本土部の縄文遺跡と比較すれば、遺跡の規模・内容においてやや弱体的な様相をもつ。

縄文時代の最終段階の縄文晩期後半から弥生早期の刻目突帯文土器を出土する遺跡は、名切遺跡、勝本町の串山ミルメ浦遺跡、石田町の堂崎遺跡の三カ所で少量の土器が確認されているにすぎない。大陸に源流をもち水稲文化の流入にかかわる遺構である支石墓《しせきぼ》も確認されておらず、遺跡の減少化が進行していたことが考えられる。

### 弥生時代

遺跡は現在六〇カ所ほどが知られている。このなかで弥生前期の遺跡は、原の辻遺跡（芦辺町・石田町）、カラカミ遺跡（勝本町）、小場遺跡（勝本町）の三遺跡しか知られていない。したがって、壱岐の弥生遺跡は、縄文晩期後半（弥生早期）から弥生前期に継続する遺跡はなく、弥生前期後葉段階になって出現しており、それ以外の遺跡は弥生中期から後期の遺跡と考えられる。拠点となる集落は、カラカミ遺跡、車出遺跡群、原の辻遺跡の三遺跡であり、それらの遺跡の周辺に小集落が点在している様相をもっている（図5）。

弥生時代遺跡の分布状況については、一九八三（昭和五十八）年に武末純一が、幡鉾川下流域の原の辻遺跡（芦辺・石田町）を中心とするA群、幡鉾川上流の柳田地区の田ノ上遺跡（郷ノ浦町）を中心とするB群、刈田院川《かりたいんがわ》上流のカラカミ遺跡を中心とするC群の三つのグループがあることを指摘している。その後の調査成果などから見ると、このほかに中広銅矛三本（図6）の埋納でも知られる天ケ原《あまがはら》遺跡（勝本町）や丸尾遺跡（勝本町）など島北部の遺跡群をD群として加えてよい

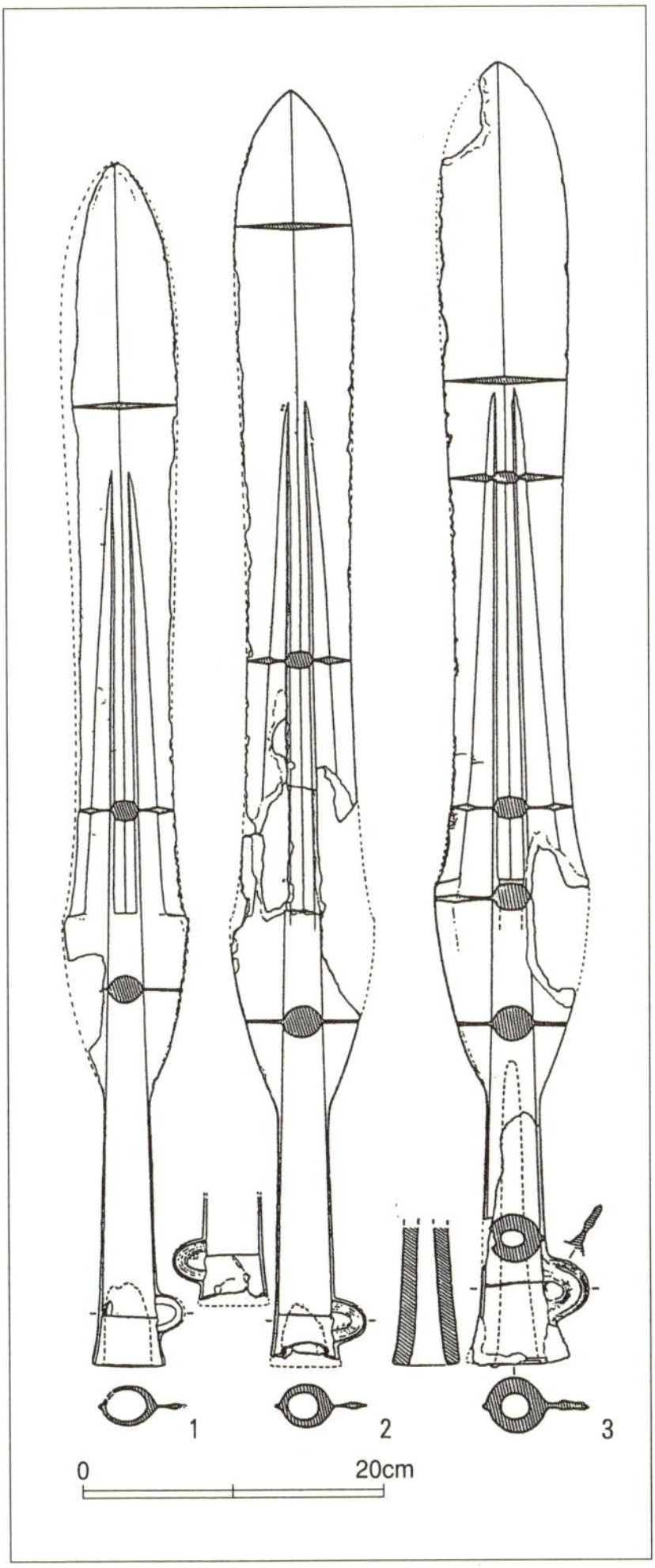


**図6**　天ヶ原遺跡出土の中広銅矛
（平川・岩永1985）

と思われる。原の辻遺跡とカラカミ遺跡の距離は約六・六キロ、カラカミ遺跡と車出遺跡との距離は約三・五キロ、車出遺跡と原の辻遺跡の距離は約四・五キロあり、それぞれに一定の領域をもつ基礎地域を形成していたことが考えられる。

　ここでは、原の辻遺跡を除く弥生時代の拠点集落について概要を述べておきたい。

　カラカミ遺跡は、島北西部に位置し、遺跡の東側から南側を流れる刈田院川の谷底平野から約四〇メートルの比高をもつ丘陵上に立地する弥生時代前期後葉から古墳時代初頭にかけての集落である。西側から南側を巡る環濠が確認され、約五ヘクタールの遺跡の拡がりが推定される。遺物の構成は、原の辻遺跡に比較すると漁撈関係遺物が多く、後漢鏡片、楽浪土器、三韓土器などの船載遺物も出土しており、刈田院川が注ぐ湯ノ本湾の支湾である片苗湾《かたなえわん》を港津として、漁撈や交易を生業にしていた様相をもっている。

　車出遺跡は、一九九七（平成九）年度の調査で、貨泉、後漢鏡片、小型仿製鏡、銅鏃などの遺物と環濠が確認されたが、二〇〇〇（平成十二）年度から二〇〇二（平成十四）年度に実施された確認調査で、車出遺跡、戸田遺跡、田ノ上遺跡と細分されている遺跡群が連なって一つのまとまりをもった遺跡であることがわかってきた。車出遺跡群は、弥生時代中期から古墳時代初期の遺跡であり、原の辻遺跡と同じ幡鉾川の上流域に所在するところから、原の辻遺跡から分岐した集団によって弥生時代中期に遺跡が形成され、遺跡西側の半城湾《はんせいわん》を港津として壱岐島の南西部をおさえる拠点集落であった可能性が高いと考えられる。

## 古墳時代

　壱岐では現在二七〇基ほどの古墳が知られているが、この数は長崎県内で確認されている約五〇〇余基の古墳の半数以上

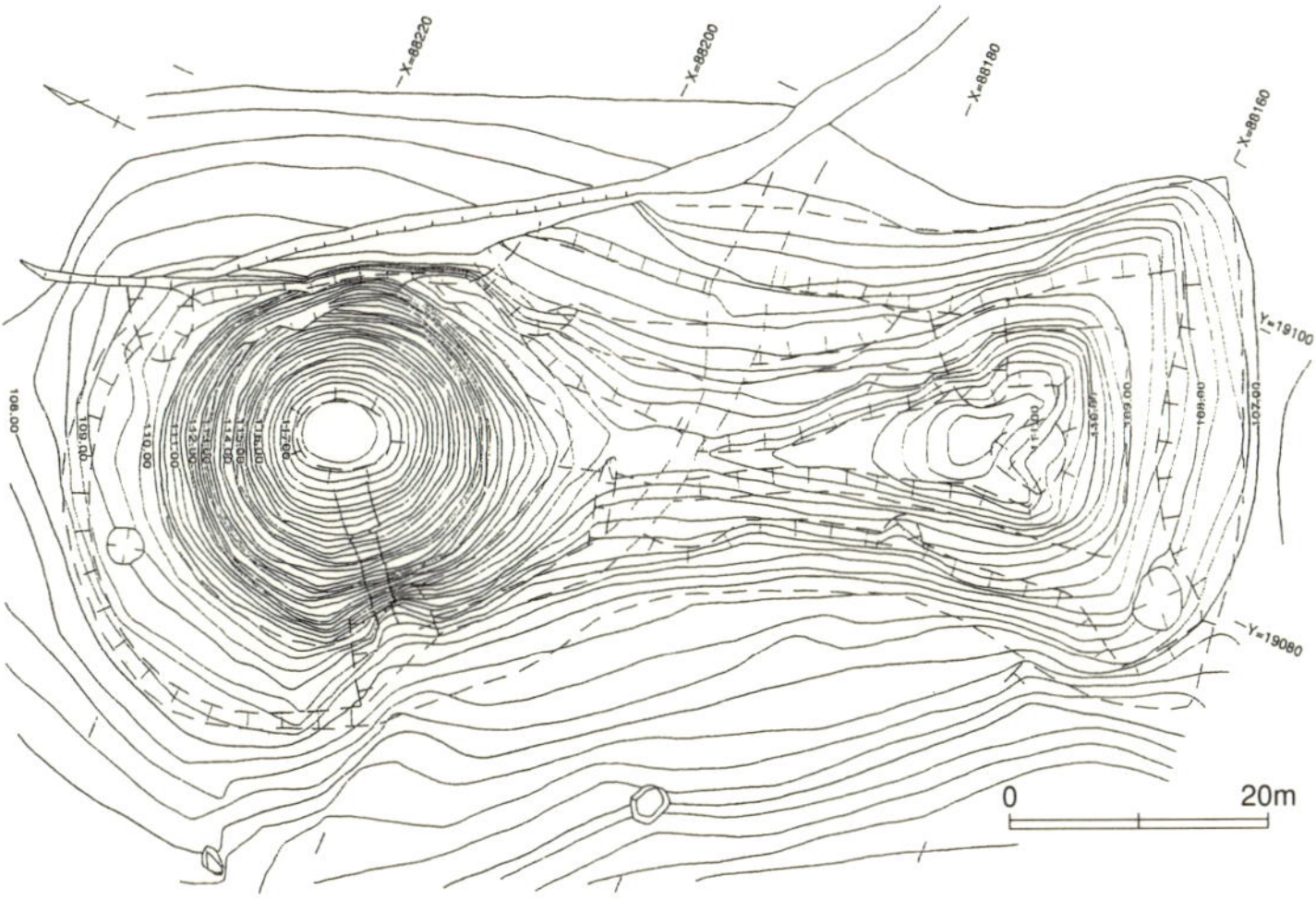


**図7**　双六古墳実測図（岸本2001）

を占める。県土の面積の約三・三%ほどの小さな島である壱岐に、これほど多くの古墳が築造されたことは驚きであるが、一方、対馬では高塚古墳は一二基が知られるにすぎず、両者の様相の違いが表れている。

　現在、最も古い古墳として知られているのは、原の辻遺跡を南側に望む丘陵頂部に築かれている大塚山古墳（芦辺町）で、竪穴系横口石室をもつ五世紀後葉の円墳である。また、古墳時代後期になると、長さ九一メートルの前方後円墳である双六《そうろく》古墳（勝本町、図7）、径六六メートルの巨大な円墳である笹塚古墳（勝本町）、長さ一六・五メートルの長大な石室をもつ円墳である鬼《おに》の窟《いわや》古墳（芦辺町）、径五三メートルの円墳である兵瀬《ひょうぜ》古墳（芦辺町）、径三〇メートルの円墳である掛木古墳（勝本町）など、島中央部の国分《こくぶ》地区と亀石《がめいし》地区を中心として巨石古墳が集中した分布がみられる。

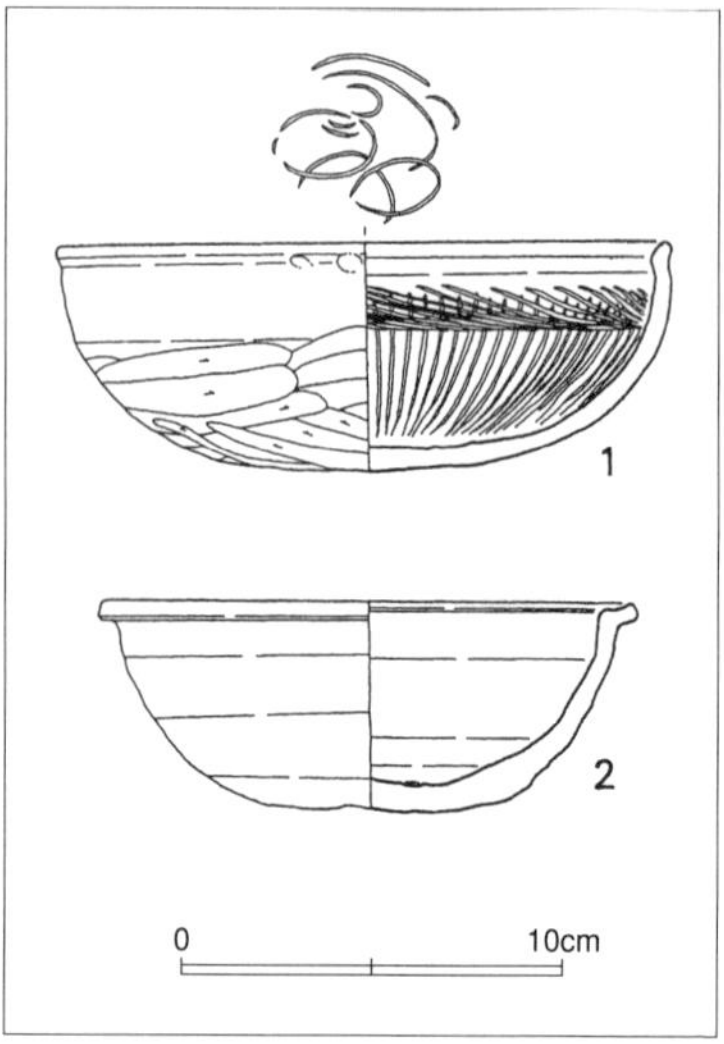


図８　カジヤバ古墳出土土器
（本田・副島1988）

笹塚古墳や双六古墳では、調査によって、笹塚古墳の亀形飾金具を中心とした豪華な金銅製馬具類、双六古墳の日本最古の中国二彩陶器（北斉《ほくせい》）、新羅土器、緑釉陶器、トンボ玉などの国際色豊かな資料が出土しており、笹塚古墳出土の副葬品の一括については二〇〇七（平成十九）年六月に国の重要文化財に指定された。これらの古墳は古代豪族の「壱岐直《いきのあたい》」につながる首長墓あるいはその親族の古墳と考えられ、被葬者がヤマト王権だけでなく、朝鮮半島や大陸との緊密な交流を行っていたことを物語る。また、芦辺町のカジヤバ古墳は、径一一《メートル》ほどの小規模な円墳であるが、六世紀から七世紀の遺物のなかに、陶質土器と畿内系律令様式の杯（図８）が出土しており、朝鮮半島との交流とともに中央とのつながりを示す資料として注目される。

## 古代

古代の壱岐は、下国として国府（島府）と壱岐郡・石田郡の二郡がおかれ、西海道の駅家として優通駅と伊周駅の迎賓館もかねた渡海駅がおかれた。それよりさかのぼることになるが、六〇〇年から六一八年には、倭国から隋へ遣隋使が使わされ、壱岐・対馬の航路を経由している。また、壱岐・対馬は六三〇年から六六九年に遣唐使の航路（北路）に、六六八年から八三六年に遣新羅使の渡海航路になっている。

石田町には、七三六（天平八）年の遣新羅使に、水先案内の卜部として選ばれ、壱岐で亡くなった雪連宅満《ゆきのむらじやかまろ》の墓と伝える塚が残る。

国府（島府）については、島中央部の国分付近、芦辺町の興《こう》神社付近から石田町の興触《こうふれ》遺跡周辺などの説があるが、まだ確定していない。原の辻遺跡のある台地南端の大川地区では、九世紀代の初期貿易陶磁（中国製青磁・白磁、イスラム陶器）、猿投《さなげ》系の灰釉陶器、洛西・近江系の緑釉など官衙的な様相をもつ遺物が出土しており、何らかの官衙遺跡の可能性が高い。また、原の辻遺跡の北部低地（川原畑地区）では、一九九五（平成七）年の調査において、八世紀代の幅約六メートルの道路状遺構が確認され、近隣の閨繰地区では青銅製銙帯《かたい》が出土している。

台地東側低地（石田高原地区）では、「白玉六□」「赤万呂七八升」と書かれた墨書木簡数点が出土している。これらは、物品にかかわる貢進・請求などの資料であり、木簡を分析した国立歴史民俗博物館の平川南は、付近に何らかの役所が存在することを推測している。これに原の辻の官衙遺跡が絡んでくると興味深くなる。島南部の印通《いんどう》寺浦《じうら》付近に所在する椿遺跡（石田町）では、一九九五（平成七）年の調査で、七世紀後半から八世紀代の瓦と石英製の石帯が出土している。調査者の川口洋平は、瓦の出土などから、ここを郡司等の有力者の草堂的な施設と推定している。

大型古墳が集中する国分地区には、巨石古墳の首長墓の系譜につながる豪族の壱岐直がおり、『延喜式』によれば豪族の壱岐直の氏寺を壱岐の嶋分寺として転用したという記載がある。発掘調査では、塔、金堂、講堂に比定される版築基壇をもつ建物跡や門跡、溝などの遺構が確認されたが、通常の国分寺の伽藍配置のような状況は確認

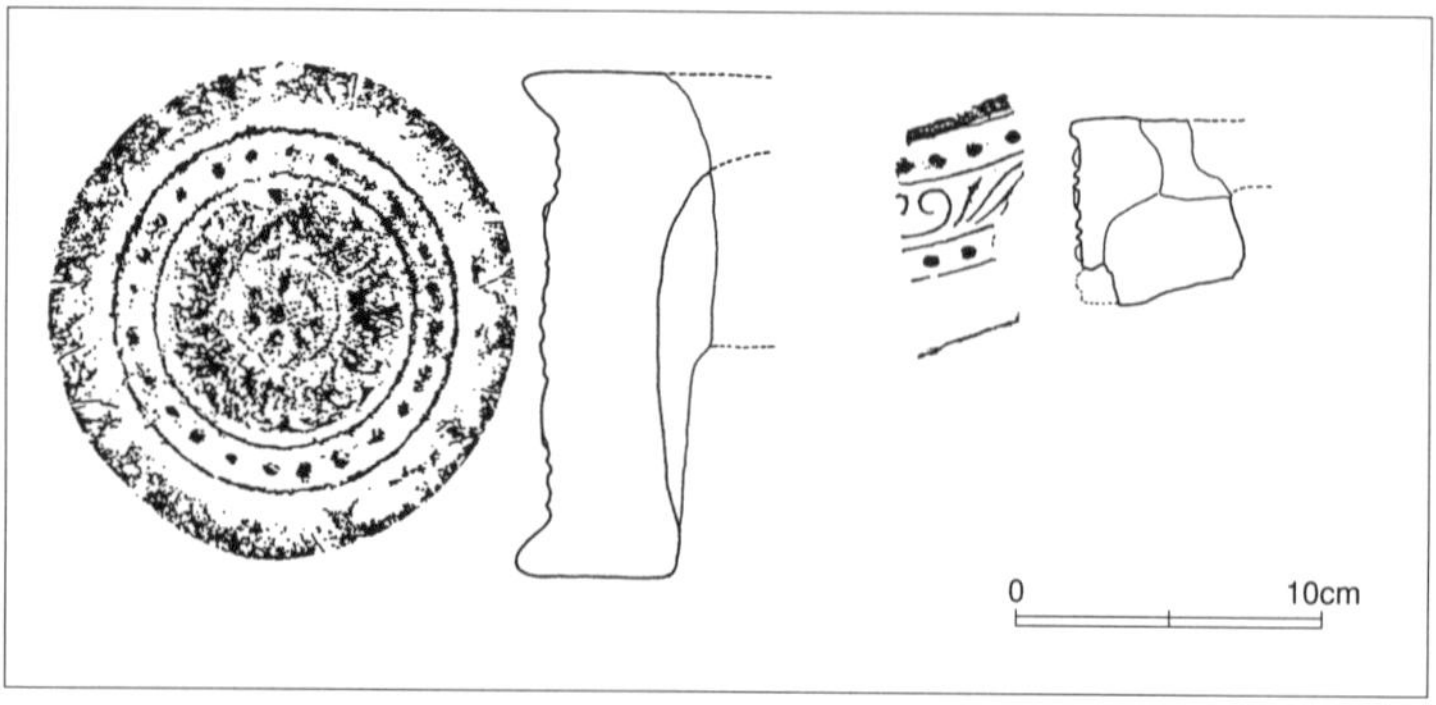


図９　壱岐嶋分寺跡出土瓦（高野1996）

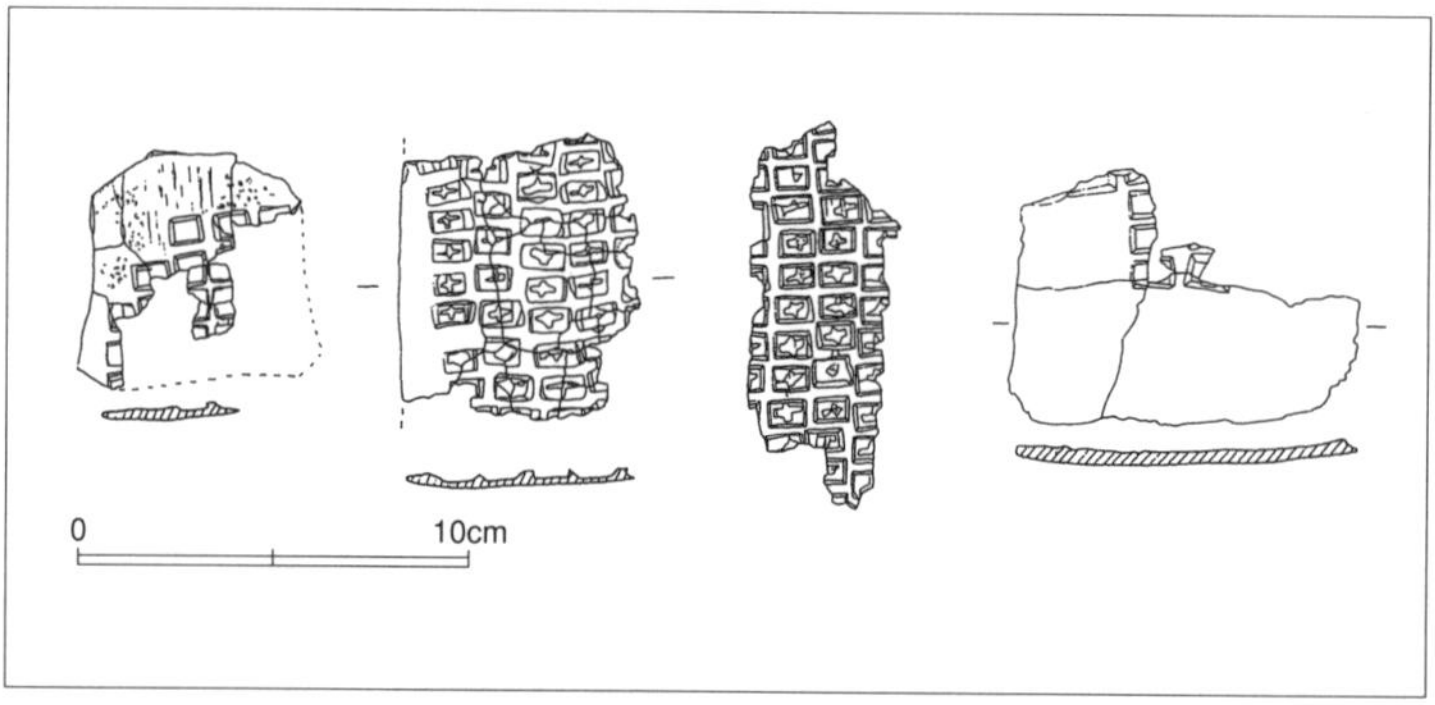


図10　串山ミルメ浦遺跡出土亀卜（安楽1989）

されていない。また、使用されていた軒丸瓦（図９）は、平城宮の八世紀前半の第Ⅰ期（七〇八・和銅元年～七二一・養老五年）と同范であることが判明しており、九州地方の国分寺は通常筑前の「老司系瓦」が使われることなどから、壱岐直と中央との強い結びつきを示唆している。

串山ミルメ浦遺跡（勝本町）は、島北端の砂丘に立地し、六世紀末頃から奈良時代にかけての遺物ともに、膨大な量のアワビの殻が出土し、干しアワビの水産加工を行っていた遺跡であることが判明した。卜占に使用された海亀の甲羅（図10）も出土しており、古墳時代以降には弥生時代のシカ・イノシシの骨卜から亀卜へと変化していることがわかる。『延喜式』には、卜占の技術に秀でた者が、伊豆から五人、壱岐から五人、対馬から一〇人が選ばれて仕えたと記されている。いわゆる三国卜部である。中央に進出した卜部氏は、式内社の選定にかかわり、後には神道の確立にも影響を与えたともいわれている。

地元郷土史家の中上史行は、「卜部は、亀卜をもって神祇官や斉宮に奉仕し、また大陸よりの渡来人の系統をひくものは、より新しい先進文化の知識や技術をもって、政治や外交面で活躍するのである」として、壱岐「直」以外の「史」・「連」系統の人物として伊吉博徳《いきはかとこ》や雪連宅満などの人物をあげている。

## 3　壱岐の環境的特性

以上のように、壱岐島の地理・歴史的環境をみていくと、壱岐は大陸と近接した位置にあり、国際的に安定した状況のなかでは交易拠点として交流が活発に行われ、大陸先進文化流入ルートの窓口としての役割を果たしたことがあげられる。

しかし、日本列島を含めての国際的な緊張状況においては、対馬が日本（倭）の最前線となり、壱岐はその後方の兵站基地として防衛上の重要な要衝という役割をもった。六四六（大化二）年には、対馬と壱岐に国防の第一線を守るため防人が配置されている。その後壱岐は、一〇一九（寛仁三）年の刀伊の入寇、二度の元寇によって壊滅的な被害を被っている。中世後期の壱岐は、松浦党五氏による朝鮮王朝との中継交易の基地となり、朝鮮王朝との通交が滞ると倭寇の島ともなった。

このように、対馬とともに壱岐は、東アジアの国際情況の影響がダイレクトに反映する位置にあり、また日本列島のとくに中央の動勢・動向が影響する歴史的な環境のなかで、弥生時代の壱岐においては、原の辻遺跡が形成され発展したと考えられるのである。

# Ⅲ　原の辻遺跡調査研究の歩み

## 1　遺跡発見から東亜考古学会の調査

壱岐出身の研究者である元福岡市教育委員会の塩屋勝利は、二〇〇五（平成十七）年に長崎県教育委員会によってまとめられた『原の辻遺跡総集編Ⅰ』の〈学史〉のなかで、原の辻遺跡は一九〇四・〇五（明治三十七・三十八）年頃に、地元研究者の松本友雄によって発見されたことを明らかにした。それまで原の辻遺跡の発見は、漠然と大正時代頃といわれていたが、地元での追求により書き改められたのであり、画期的な成果といえる。

大正時代から昭和初期には、中央学界の研究者が壱岐島の踏査を行っている。一九一六（大正五）年、一九二一（大正十）年には東京帝国大学の鳥居龍蔵が、一九二三（大正十二）年には東京帝国大学の黒板勝美と京都帝国大学の梅原末治が、一九二七（昭和二）年頃に九州帝国大学の中山平次郎が、一九三〇（昭和五）年には東京考古学会の森本六爾が壱岐島を調査した。そのような、中央学界の刺激を受けて、地元研究者の松本

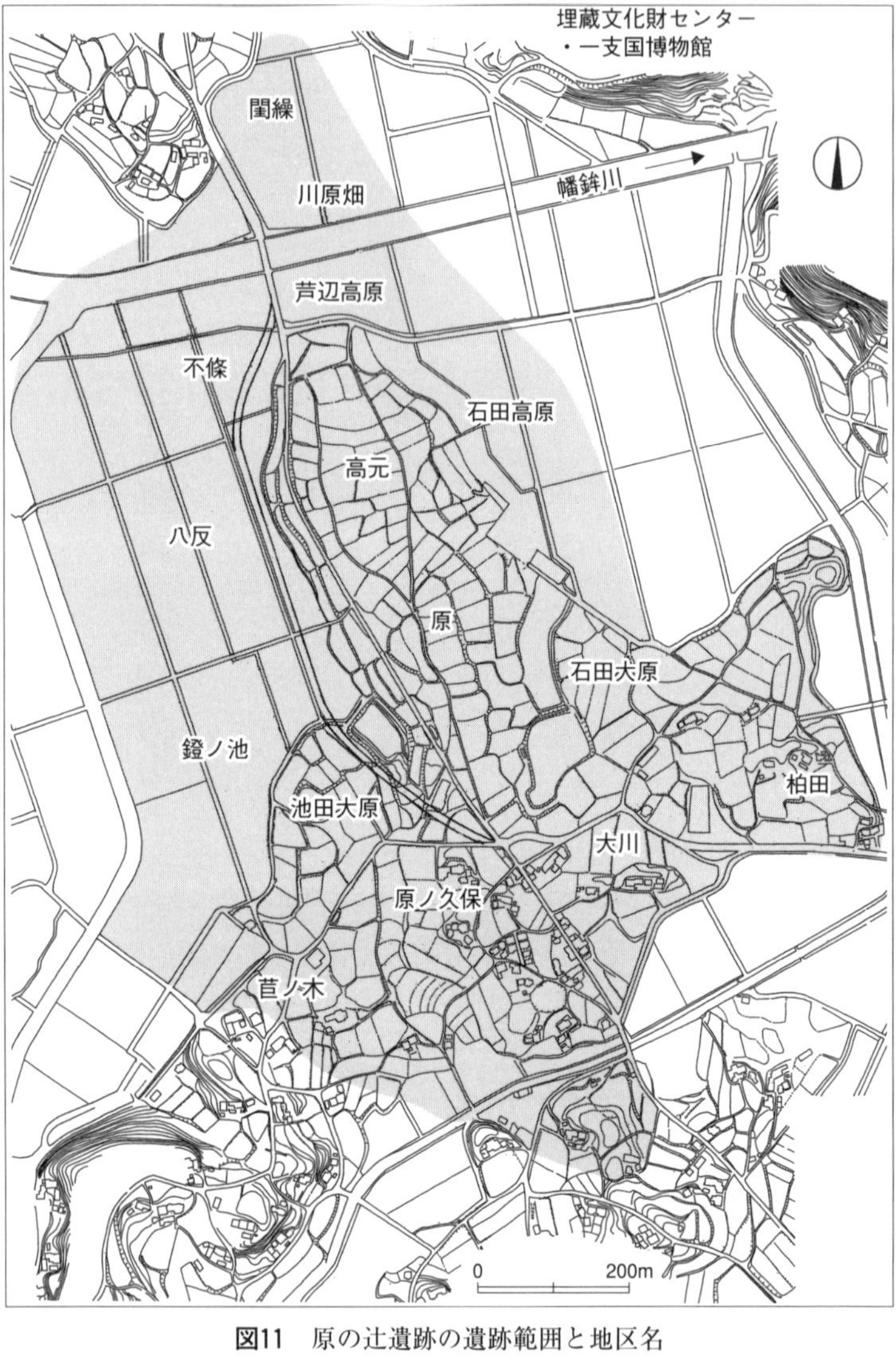


**図11**　原の辻遺跡の遺跡範囲と地区名

友雄と山口麻太郎が、昭和初期に原の辻遺跡とカラカミ遺跡について論文を発表し、両遺跡は中央学界に知られることになった。

一九三九（昭和十四）年には、幡鉾川の改修にともなって原の辻遺跡の台地北端の東側斜面が耕地整理の工事で削られ、当時壱岐中学校の教師であった鴇田忠正が発掘調査を行った。鴇田は、この調査結果について、一九四四（昭和十九）年に「長崎県壹岐郡田河村原ノ辻遺蹟の研究」（『日本文化史研究』）としてまとめあげた。この論文は、出土遺物の綿密な分析を行い、土器・骨角器論、遺跡の性格論にまで及んでおり、原の辻遺跡についての最初の画期的な論文となった。

戦後には、一九五一〜一九六四（昭和二十六〜三十九）年に、九学会と東亜考古学会の調査が行われ、住居跡、墓地などが確認された。遺物は、弥生中期から後期の土器の他に、無文土器、漢式土器、三韓土器、石斧、石庖丁、石剣、骨角器、鉄器、銅鏃、貨泉、小型仿製鏡、鉄素材、卜骨、炭化籾・小麦などが出土した。弥生後期の土器型式として原の辻上層式が設定され、弥生時代としては鉄製の斧・鎌・鋤・釣針などの鉄器類が豊富に出土していることで、原の辻遺跡は弥生時代における石器から鉄器への転換を示す典型的な遺跡との評価がなされたのである。

## 2　石田大原墓域の調査から範囲確認調査

一九六四（昭和四十九）年には、石田大原地区で個人の耕地基盤整備にともなって甕棺や石棺が発見され、県教育委員会によって緊急調査が実施された。墓域は、弥生中期を主体とし、甕棺墓五一基、石棺墓一九基、土坑墓一基、溝状遺構四条などが確認され、副葬品として中国式銅剣（図25

**図12**　原の辻遺跡概要図（点線は環濠）

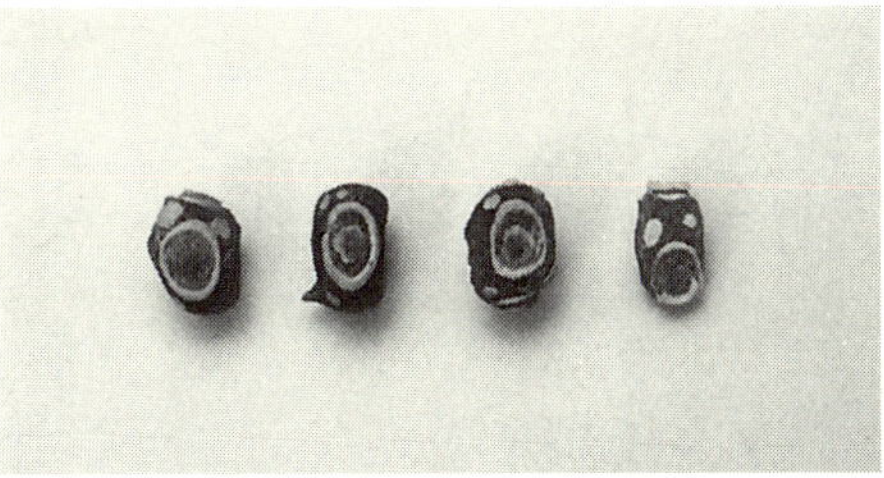

**図13**　トンボ玉（石田大原地区）

—1）、鉄製のヤリガンナ・刀子、トンボ玉（図13）、勾玉、管玉、ガラス小玉などが出土した。また、三連の小児甕棺墓に使われていた丹塗壺に捕鯨の線刻絵画が描かれていたことが、二〇〇〇（平成十二）年に確認された。

石田大原地区の墓域の発見が端緒となって、遺跡の範囲・内容を確認するために、文化庁の国庫補助を受け、県教育委員会は、一九七五〜一九七七（昭和五十〜五十二）年度に範囲確認調査を実施した。調査では、新たに大川地区、原ノ久保A・B地区の墓域が発見され、大川地区では中国製の円圏文規矩鏡（図24—2）や有鉤銅釧（図25—12〜14）、鉄鏃（図26—2・3）、ガラス勾玉などが出土した。この三カ年の調査の結果、遺跡の範囲が台地一帯に拡がることが判明した。

その後、遺跡周辺の圃場、河川、県道などの総合的な整備を行う「幡鉾川流域総合整備」が計画された。このことにより、当時埋蔵文化財の専門職員が配置されていなかった芦辺町と石田町教育委員会を県教育委員会が支援するかたちで、一九九一（平成三）から一九九二（平成四）年度にかけて、遺跡周辺の低地一帯を対象として遺跡の範囲確認調査が行われた。

## 3　環濠の確認から国特別史跡の指定と整備

以後、原の辻遺跡では継続的に整備調査が行われていくことになる。本節では、その経緯と成果を年次ごとに追いながら概観していく。

図14　環濠発掘状況（石田高原・高元地区）

## （一）一九九三年―多重環濠の発見

一九九三（平成五）年には、台地東側の低地部（石田高原地区）で圃場整備にともなう本調査を開始し、台地の裾を巡る濠が発見され、湧水にかかわる施設である大溝などが検出された。環濠のなかからは、弥生時代前期〜古墳時代初頃の膨大な量の弥生土器・土師器を中心として、楽浪系土器（図47―3）・三韓系土器などの大陸・朝鮮半島系土器、石器、鉄器（図26―1）・銅鏃・貨泉類、骨角器、動物遺存体など、大陸との交流や弥生時代の生活を物語る豊富な資料が出土した。（図53―4）などの金属器、楯・短甲などの木器

また、台地西側においても、芦辺町教育委員会が調査を実施し、濠が発見され、さらに遺跡の台地一帯を多重環濠が巡ることが確認された。このことにより、原の辻遺跡が『魏志倭人伝』に記載される「一支国」の中心となる集落（国邑）であることが判明したのである。

## （二）一九九四年

この多重環濠の発見が画期となって、本格的な調査が継続して実施されるようになる。一九九四（平成六）年度には、芦辺町教育委員会と県教育委員会による範囲確認調査が実施された。芦辺町教育委員会は、台地北部の高元地区の発掘調査を実施し、弥生時代前期〜古墳前期の竪穴住居跡、土坑などが確認され、中国製獣帯鏡片（図24―8）、銅鏃などが出土した。特筆すべき遺物として、弥生中期の竪穴住居跡から卜骨が出土した（図15）。

県教育委員会の調査では、台地中央部の高台頂部（原地区）で、掘立柱建物跡群が確認された。また、幡鉾川総合整備事業の圃場整備および河川改修にかかわる緊急調査では、旧河道、土坑群、

図15　卜骨出土状況（高元地区）

土器溜、奈良時代の道路遺構などが検出された。

### （三）一九九五年—王都の確定

一九九五（平成七）年には、県教育庁の地方機関として原の辻遺跡調査事務所が設置されて調査体制が整備され、調査成果と出土品を紹介するための壱岐・原の辻展示館も開設された。

国庫補助による遺跡の範囲確認調査は、県教育委員会が実施することになり、台地南西部の大川地区の墓域と台地中央部の原地区の調査を実施した。大川地区では、弥生中期末〜後期にかけての箱式石棺墓、土坑墓、小児甕棺墓が確認され、中国製の内行花文鏡片、円圏文規矩鏡片、鉄斧、鉄鎌、鉄製ヤリガンナ（図26—7）、鉄剣（図26—4）、管玉、勾玉、ガラス製小玉などが出土した。原地区の高台頂部では、弥生後期の掘立柱建物跡と平屋建物跡、古墳前期の竪穴住居跡二棟、区画濠二条が確認され、遺跡中枢の祭儀場としてとらえられた。

また、遺跡の調査と保存活用について指導を得るために、九州大学の西谷正教授を委員長とした

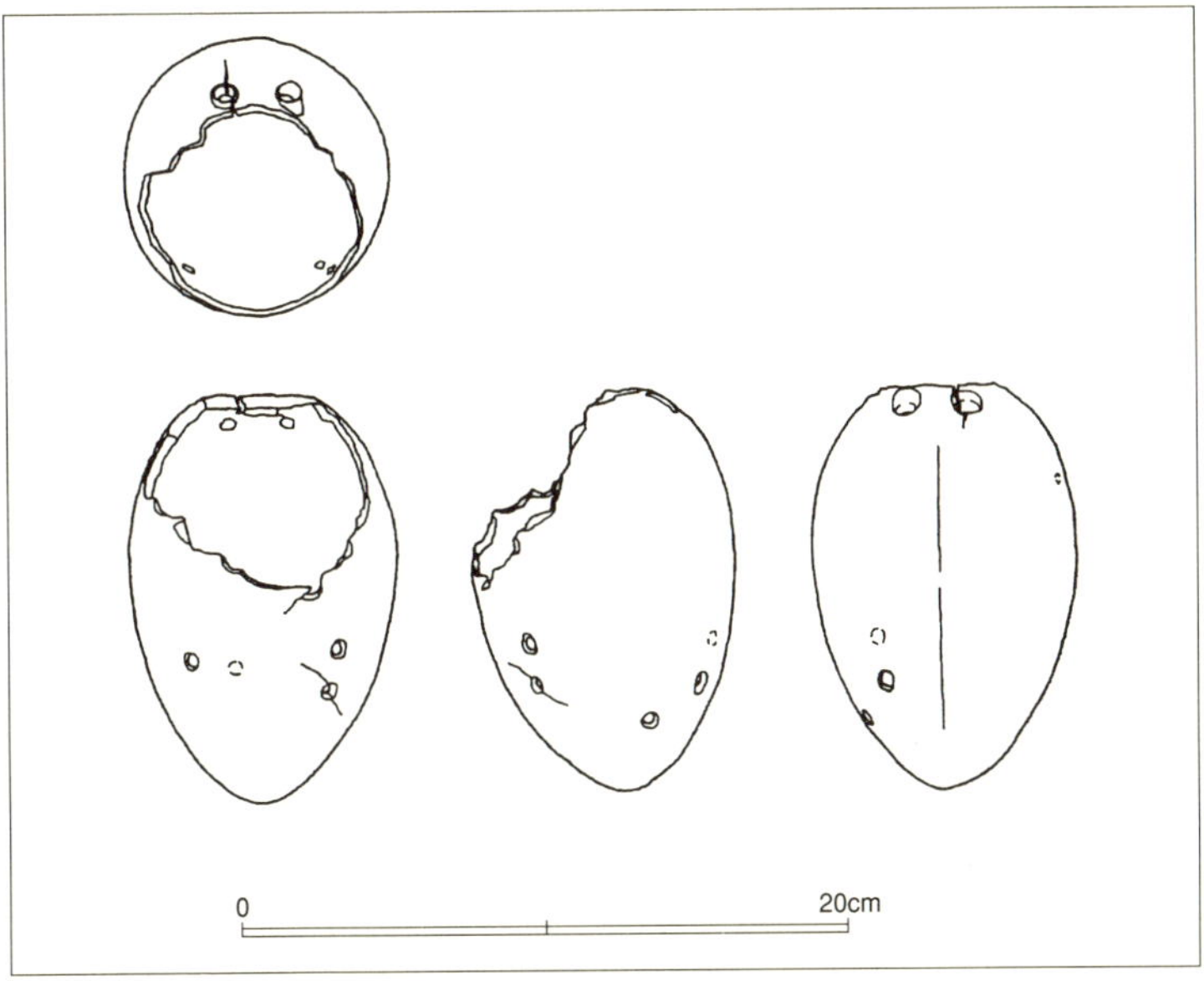


**図16**　ココヤシ笛（不條地区）

「原の辻遺跡調査指導委員会」が設置された。本委員会により、原の辻遺跡が『魏志倭人伝』の「一支国」の王都であることが確定された。

## （四）一九九六年―船着き場の発見

一九九六（平成八）年には、台地中央の原地区と台地南部の原ノ久保A地区の範囲確認調査、台地北西から西側の低地（不條・八反地区）で幡鉾川河川改修と圃場整備にともなう発掘調査が実施された。

原地区では、台地頂部から東側傾斜面につづく区画濠、掘立柱建物跡、平屋建物跡、竪穴住居跡、溝などが検出され、台地の最高所である部分が祭儀場であることが確認された。原ノ久保A地区では、南北方向に並んだ箱式石棺墓群が検出され、中国製の大形内行花文鏡（「長宜子孫」銘）（図24―5）、筒型不明青銅器（図25―8）、小型仿製鏡（図24—10）、管玉、勾玉、ガラス製勾玉・小玉などが出土し、弥生後期後半期の墓域が確認された。台地北西部低地（不條地区）では、旧河道、濠が検出され、弥生前期後葉～中期後葉の弥生土器にともなって、建築部材などの木製品、ココヤシ製笛（図16）、漆塗台状杯、細形銅剣（図25—2）、無文土器などが出土した。台地西部低地（八反地区）では、二本の突堤をもつ弥生中期の船着き場跡、水田畦畔跡、弥生中期末の溝などが確認された。船着き場跡については、前述したように考古学の常識を塗り替える衝撃的な発見であった。

### （五）一九九七年—国指定史跡となる

一九九七（平成九）年には、台地東側傾斜面（原地区）と台地西部（池田大原地区）などの範囲確認調査、さらに台地北西部低地（不條地区）の溜池造成にともなう緊急調査が実施された。原地区では、弥生中期～古墳初頭期の竪穴住居跡、濠、溝、小児甕棺墓などを検出した。不條地区では、旧河道、濠が検出され、河道内の弥生前期後葉～中期後葉の土器にともなって「ほぞ指し込み栓留形式」の床大引き材が出土し、原の辻遺跡指導委員会の宮本長二郎委員から礎石建物の可能性も指摘された（図17・18）。また、朝鮮半島系土器がまとまって出土したことで、この地点付近に渡来系の人びとが集住していたことが示唆された。

この年の九月二日には、一九九三（平成五）年以降本格的に実施された調査の成果が実り、原の辻遺跡が国の史跡に指定された（一六・一㌶）。これを受けて、四町からなる原の辻遺跡保存等協議会では、考古学をはじめ関連諸分野の委員で構成される原の辻遺跡保存整備委員会を設置し、保

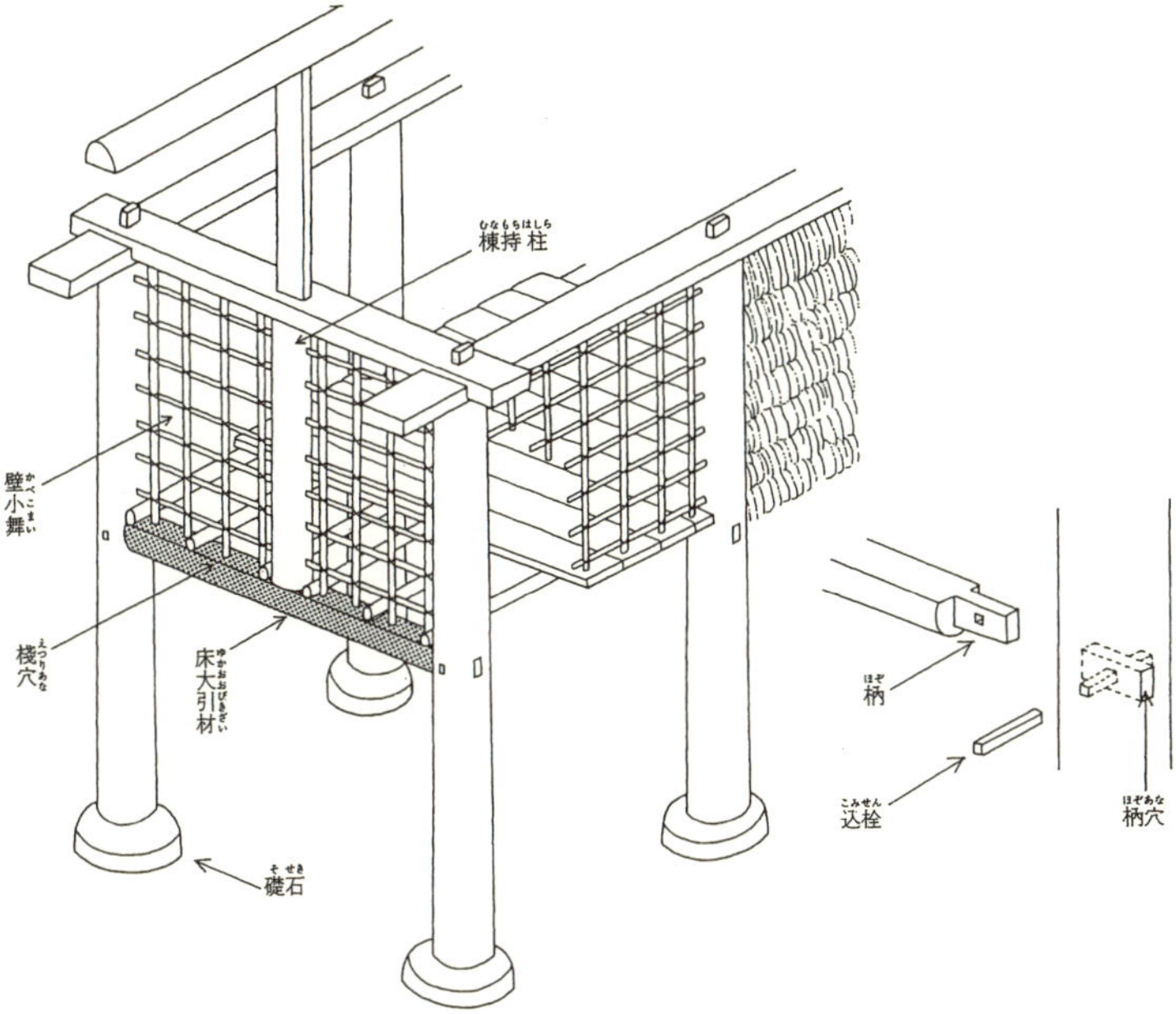


図17　高床建物復元構造図（宮本長二郎原図）

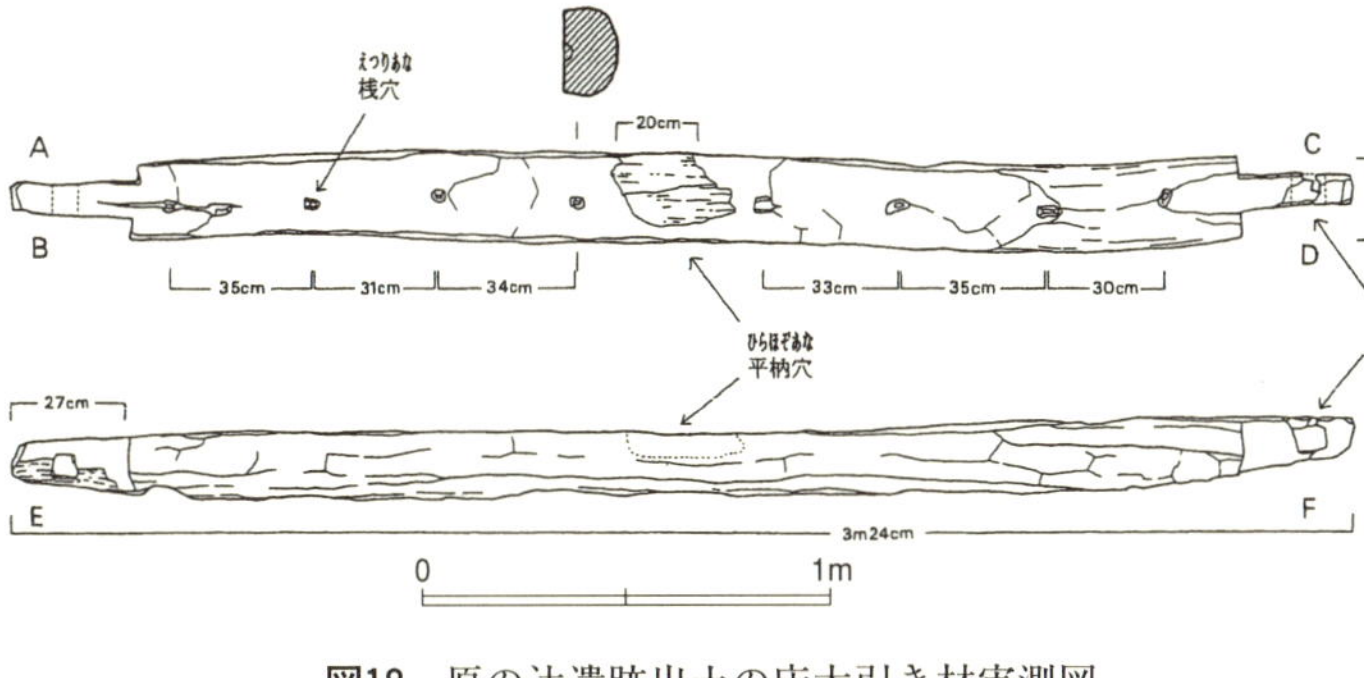


図18　原の辻遺跡出土の床大引き材実測図

存整備計画を検討することになった。

## （六）一九九八年

一九九八（平成十）年には、台地北部（高元地区）と台地南東部（大川地区）の範囲確認調査と、県単独事業による重要遺構の内容確認を目的とする調査（以下、特定調査とする）、また、農道の緊急調査（以下、農道調査とする）が、県教育委員会によって開始された。

台地北西部低地での不條地区の特定調査では、弥生前期後葉～中期のピット群、土坑群と弥生後期～古墳初頭期の濠などが検出され、前漢代の五銖銭（図53―1）、三翼鏃《さんよくぞく》（図19）、楽浪土器（図47―1）などが出土し、低地に居住域が拡がり、弥生後期の濠によって遺構が壊されていることがわかった。また、不條地区の農道調査では、弥生中期の掘立柱建物跡や石製礎盤をもつ柱穴、濠、旧河道、溝などが検出され、旧河道から建築部材や柄に装着した鉄鎌などが出土した。

## （七）一九九九年

一九九九（平成十一）年には、台地南東部（大川地区）と台地南西部（苣ノ木地区）での範囲確認調査と、台地北西部低地（不條地区）での特定調査、農道調査が県教育委員会によって実施され、芦辺町教育委員会によって整備のための調査（以下、整備調査とする）が台地中央部（原地区）で開始された。また、台地北西側低地（不條地区）では、緊急雇用促進事業にかかる調査（以下、雇用調査）が実施された。

特定調査では、台地縁を巡る環濠、櫓と推測される掘立柱建物跡、旧河道、弥生中期前葉～後期後葉の土器溜、古墳初頭～古代の溝と水田跡などが検出され、土器溜で貨泉四枚（図53―5～8）、

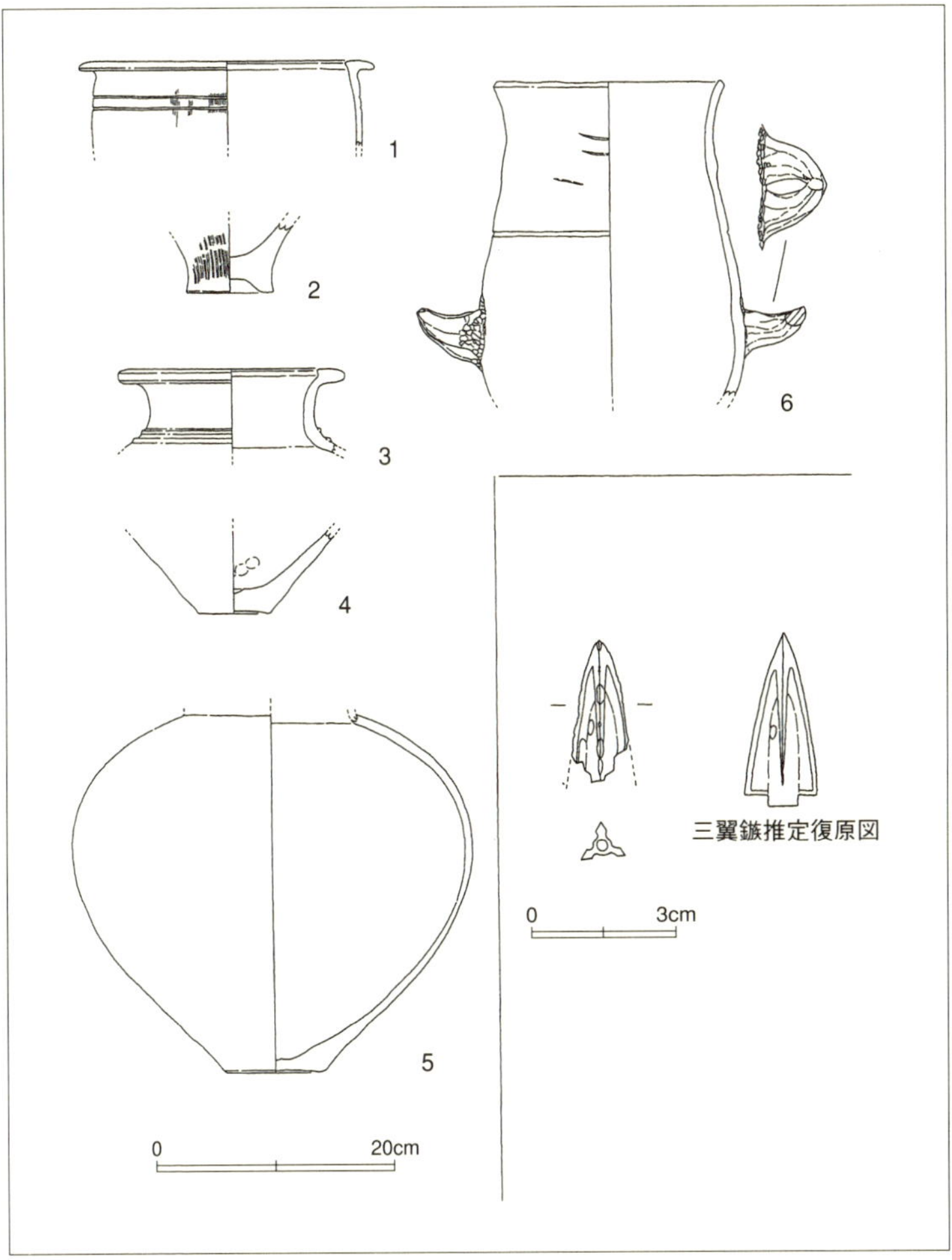


**図19**　三翼鏃と共伴した土器　6は無文土器

周辺から龍を線刻した器台、楽浪系の青銅製車馬具（図25―5）、鉄鎚（図26―5）、三韓系の板状鉄斧（図26―9）、鉄鑿（図26―6）などが出土した。八反地区の農道調査では、弥生中期の掘立柱建物跡、弥生中期～後期の旧河道、溝および水田畦畔跡を検出した。原地区での整備調査では、弥生中期～古墳初頭期の竪穴住居跡などの遺構が検出され、注目すべき遺物として棹秤の錘である権（図54）が出土した。雇用調査では、溝・土坑などが検出され、舟形木製品（図35）、楽浪系土器などが出土した。

## （八）二〇〇〇年―そして特別史跡へ

二〇〇〇（平成十二）年には、台地南部の原ノ久保・大川地区での範囲確認調査、台地北東部低地（不條・八反地区）での特定調査、台地西部低地（八反地区）での農道調査、台地中央部（原地区）での芦辺町教育委員会による整備調査、台地西側低地（八反地区）で雇用調査が実施された。

範囲確認調査では、大川地区で濠が確認された。特定調査では、弥生前期後葉～古墳初頭にかけての旧河道、濠、土坑、土器溜、石組遺構などが検出され、中国貨幣の大泉五十（図53―2）が出土した。農道調査では、水田跡や矢板を打ち込んだ畔跡や溝が確認された。原地区の整備調査では、竪穴住居跡や掘立柱建物跡、人骨が入った土坑墓が検出された。雇用調査では、旧河道、溝などが検出され、旧河道から獣帯鏡片（図24―7）などが出土した。

また、この年の十一月二十四日には、念願であった特別史跡への昇格がなされた。

## （九）二〇〇一年

二〇〇一（平成十三）年には、台地西側の苣ノ木地区と原ノ久保地区の範囲確認調査、台地西側低地（八反地区）での特定調査が県教委によって実施された。台地中央部の原地区と台地東側の石田大原地区の整備調査は、芦辺町と石田町教育委員会がそれぞれ実施した。台地西側低地（八反地区）では、雇用調査が実施された。

範囲確認調査においては、芭ノ木地区では、弥生後期の箱式石棺墓、石蓋土坑墓、小児甕棺墓が検出され、銅釦（図25―11）、ガラス小玉が出土した。原ノ久保地区では、弥生中期〜後期の箱式石棺墓、石蓋土坑墓、小児甕棺墓が検出され、両地区での新たな墓域が確認された。

図20　人面石製品（八反地区）

特定調査では、環濠、溝が検出され、人面石製品（図20）、三韓系土器の三耳付瓦質壺（図46―2）、水晶玉などが出土した。

整備調査の原地区では、竪穴住居跡、土坑、溝、ピット群が検出され、銅鏃、鉄鏃、大型の鉄鎌などが出土した。石田大原地区では、甕棺墓二三基、箱式石棺墓二基、濠、溝などが検出され、多鈕細文鏡片（図24―1）、後漢鏡（図24―3）、細形銅剣（五本以上、図25―3・4）、銅鏃、勾玉、管玉、ガラス小玉が出土した。青銅器類は破片であり、攪乱され堆積した土層から出土しているが、一九六四（昭和四十九）年の調査成果とあわせた内容から判断すると、石田大原地区では、弥生前期末から中期初頭期に、首長クラスの特定集団墓が形成されていたことが確実となった。

雇用調査では、旧河道、環濠、溝、畦畔跡などが検出され、環濠内から弥生後期の人骨（八〇点）、床大引き材が出土した。長崎大学の分部哲秋によると環濠に棄てられた人骨は、男と女、子供も含んだ遺体で、系統的には北部弥生人や西北九州弥生人タイプも認められたという。人骨には関節がついた状態や刃物の痕跡も認められ、同様な状況で人骨が出土した鳥取県青谷上寺地《あおやかみじち》遺跡の状況に類似した注目すべき資料である。このほか、楽浪系土器（図47—5）、貨泉（図53—9〜12）、楽浪系銅釧（図25—6）も出土した。

## （一〇）二〇〇二年

二〇〇二（平成十四）年には、台地西側低地の八反地区、台地北部の高元地区、台地北東部低地の石田高原地区で、国庫補助による調査研究事業の調査（以下、研究調査とする）が開始され、台地西側低地で付け替え県道にともなう緊急調査（以下、県道調査とする）とともに県教育委員会によって実施された。整備調査は、台地中央から北部の原地区・高元地区、台地東部の石田大原地区で、芦辺町・石田町教育委員会によって実施された。

研究調査では、八反地区で濠、溝、掘立柱建物跡が検出され、高元地区で竪穴住居跡、焼土土坑などが検出され、小銅鐸の舌が出土した。石田高原地区では、濠、溝と台地中心域への入口とみられる道路状遺構が検出され、濠内から龍を線刻した壺（図21）、ココヤシ製笛、組み合せ式の机部材、建築部材などが出土した。県道調査では、旧河道、濠、溝、古墳初頭の堰跡などが検出され、堰に把手付扉材が転用されていた。このほかに旧河道から馬韓系土器などが出土した。整備調査で

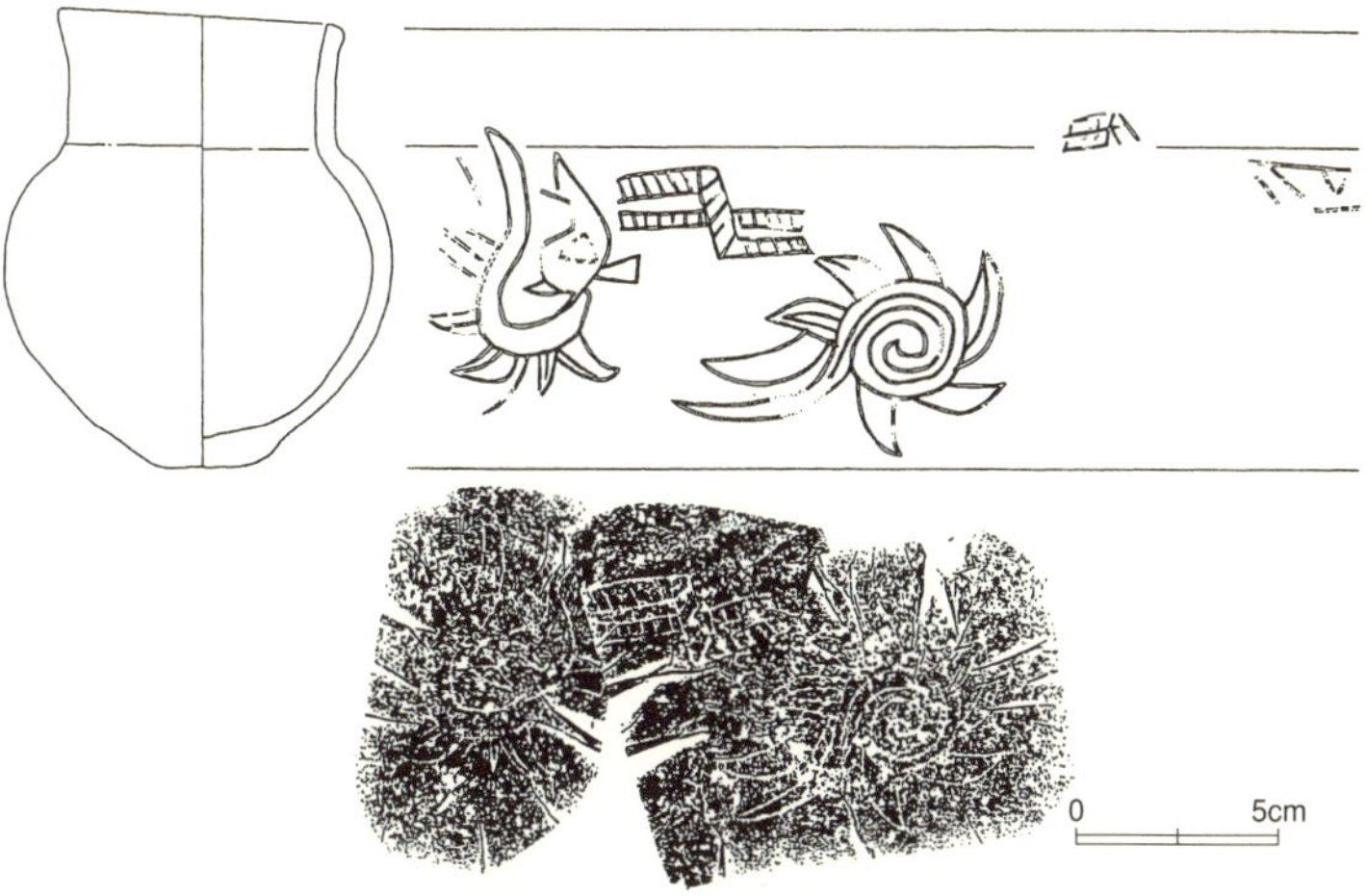


**図21**　龍線刻絵画土器

は、原・高元地区で竪穴住居跡、掘立柱建物跡、土坑、ピット群が検出され、石田大原地区の墓域で小児甕棺墓、土坑などが検出された。

## （一一）二〇〇三年

二〇〇三（平成十五）年には、台地北部と中央部の高元・原地区、台地北西部低地の石田高原地区で研究調査が、台地西側低地の八反地区で県道調査が、県教育委員会によって実施された。整備調査は、台地中央部の原地区、台地東部の石田大原地区で、芦辺町・石田町教育委員会によって実施された。

研究調査では、原地区で祭儀場周囲の柱穴群が柵列ではないことを確認した。高元地区では、竪穴住居跡、土坑、柱穴群を検出し、アワビオコシ、中国製の銘帯鏡片が出土した。石田高原地区では、濠、溝、掘立柱建物跡が検出された。

**図22**　石積み護岸遺構

県道調査では、旧河道、濠、溝、水田矢板列、樹皮敷遺構、祭祀土坑、四〇メートルの石積み護岸遺構が検出され、旧河道から小型仿製鏡（図24―9）、横槌、ネズミ返し、槽などの木製品が出土した。石積み護岸遺構（図22）は、弥生中期後半に位置づけられており、船着き場跡の突堤の石積みに類似しており、工法の関連が考えられる。

整備調査では、原地区で竪穴住居跡、土坑、溝などの居住関係遺構のほかに、小児甕棺墓三基、箱式石棺墓二基、土坑墓八基の弥生前期後葉〜中期初頭の墳墓が発見され、環濠集落への整備以前の墓域と考えられる。青銅製ヤリガンナ（図25―7）、青銅器鋳型、青銅素材とも推測される中広形銅矛片（図25―10）も出土した。鋳型は、何を製作したのか明確でないが、金属器工房の可能性をもつ資料であり、鋳造関係資料の出土に今後の期待が高まった。石田大原地区では、濠、小児甕棺墓四基が検出され、大川地区から運ばれた客土のなかから中国製の内行花文鏡片（図24―4）が出土した。

## (一二) 二〇〇四年

二〇〇四（平成十六）年には、台地北部と中央部の高元・原地区、台地東側低地の石田高原地区で研究調査が、原ノ久保地区および大川地区で県道調査が、県教育委員会によって実施された。整備調査は、台地北部と中央部の高元・原地区、石田大原地区で、芦辺町・石田町教育委員会によって実施された。

研究調査では、高元地区での南北横断のトレンチで、弥生前期後葉〜古墳初頭の遺構が確認され、鹿角製柄付刀子（図26―8）、青銅製鋤先（図25―9）が出土した。原地区では祭儀場南端で、主祭殿、脇殿と東西方向に並んだ周溝状遺構が検出された。県道調査では、原ノ久保地区で濠、大川地区で古代の住居跡などが検出された。整備調査では、原地区で竪穴住居跡、土坑、ピット群、石田大原地区で土坑墓、甕棺墓、周溝遺構が検出され、土坑墓から細形銅剣が出土した。周溝遺構をもつ土坑墓からは遺物は出土しなかったが、区画をもつ墳墓として注目される。

この年度に、県教育委員会によって、一九九三（平成五）年度から二〇〇四（平成十六）年度までの調査成果が『原の辻遺跡　総集編Ⅰ』という三八〇頁を超える総合的な内容をもつ報告書としてまとめられた。

## (一三) 二〇〇五年

二〇〇五（平成十七）年には、台地北西側低地の不條地区と台地北部の高元地区で研究調査が、台地北側の閨繰地区で県道調査が、県教育委員会によって実施された。整備調査は、壱岐市教育委員会によって、台地北部・中央部の高元・原地区、台地東部の大川地区で実施された。

研究調査では、石積み護岸遺構と船着き場跡周辺が調査され、護岸遺構のある旧河道から建築部材などが出土した。一九九六（平成八）年度以来の再調査となった船着き場跡周辺の調査では、船着き場跡本体が東側から南側を水路で区画され、幅三五メートルの旧河道のなかに出島状に築かれていたことが判明した。注目する遺物として、弥生中期前半の鋳造鉄斧片が出土している。県道調査では、一九九五（平成七）年度の圃場整備にともなう調査で検出された弥生中期の旧河道とつながる河道が検出された。

整備調査では、原・高元地区で竪穴住居跡、土坑、ピット群と土器溜遺構が検出された。大川地区の墓域の調査では、小児甕棺墓、土坑墓、石蓋土坑墓、祭祀土坑、掘立柱建物跡が検出された。建物跡は、墓域のなかに存在し、その性格についての位置づけを検討する必要がある。圃場整備の換地作業が確定したことで、台地東側非農用地部分が、七月十四日に追加史定され、特別指定の区域が一八・一ヘクタールに拡大された。また、壱岐市はこの年度から、文化庁の「史跡等総合整備推進事業」の補助を受け、第一期の保存整備に取りかかることになった。

### （一四）二〇〇六年

二〇〇六（平成十八）年には、台地北西部低地の不條地区、台地東側低地の石田高原地区、台地東部の石田大原地区で研究調査が、台地西側低地の八反地区で県道調査が県教育委員会によって実施された。整備調査は、台地北部の高元地区で実施された。

不條地区の船着き場跡周辺の調査では、船着き場本体の西側端の石組を杭を打って樹皮で補強した遺構、南側の流路のなかに水の流れを調整する石積み遺構が検出された。石田高原地区では、濠、土坑のほかに、古墳時代の石敷道路状遺構が検出された。石田大原地区では、壱岐市が確認していたところを拡張して調査して濠の形状を確認し、中国製の内行花文鏡の追加資料を得た。原地区の整備調査では、竪穴住居跡、土器溜、土坑、溝、柱穴群が検出され、文字不明銭が出土した。

## (一五) 二〇〇七年以降

現在、二〇〇七(平成十九)年では、壱岐市が二〇〇五(平成十七)年度から二〇一〇(平成二十二)年度の計画で原の辻遺跡の第一期保存整備を行っている。中心域に建物が復元されつつあり、一支国の王都として繁栄した原の辻遺跡の往時の姿が再現されつつある。七月二十六日には、新たに追加指定がなされ、特別史跡の区域は、一八・三ヘクタール《ヘクタール》となった。

二〇〇七(平成十九)年度の調査は、県教育委員会の研究調査として、台地東側低地の石田高原地区と台地南西の原地区での環濠を対象とした調査、台地西側低地の八反地区での船着き場跡の状況確認調査を実施している。石田高原地区では、環濠と溜井のような性格が推定される落ち込み遺構、柱穴群、原地区では東西方向の環濠が確認された。船着き場調査では、船着き場跡本体の西側を流れる河道の西側に濠が確認された。

県教育委員会の県道調査では、台地西側低地の八反地区で新たに二枚の貨泉が出土しており、これで原の辻遺跡出土の古代中国銭貨は一五枚となった。

壱岐市の整備調査では、台地北部の高元地区の調査において、土器溜、竪穴住居跡、溝、柱穴群、土坑などの遺構が確認され、ミニチュア青銅器製品などが出土している。溝は、弥生後期の時期で、前年度調査の溝とつながり、幅約一・三《メートル》〜〇・四《メートル》、東西二〇《メートル》、南北三〇《メートル》の長さで「L」字形に確認されている。高元地区における有力者などの居住域を区画する可能性をもっており、新たな知見として興味深い遺構である。また、台地南東部の石田大原地区の墓域で溝、大川地区の墓域では石棺墓、小児甕棺墓などが確認されている。

### （一六）青銅・鉄器について

以上、二〇〇七年（平成十九）までの成果をみてきたが、これまで本節で述べてきた原の辻遺跡から出土した遺物のうち、青銅器の分布と、青銅・鉄器の実測図を図23〜26として掲載し、若干の解説を付しておく。

図23は、福田一志が二〇〇五年に刊行された『原の辻遺跡総集編Ⅰ』において銅鏃を除いた青銅器の分布図を作成したもので、それに関連墓域と祭儀場の場所を加筆したものである。これにより、墓域とそれ以外の場所で出土したものとの区別が明確となる。

すなわち、墓域においては、Aの石田大原地区で多鈕細文鏡（図24—1）、細型銅剣（図25—3・4）、中国式銅剣（図25—1）の弥生時代中期初頭〜前葉段階の一群と弥生時代後期初頭〜前葉段階の虺龍文鏡が出土している。Bの大川地区では、円圏文規矩四神鏡（図24—2）、「長宜子孫」銘内行花文鏡（図24—4・大川地区から運ばれた客土から出土）、有鉤銅釧（図25—12〜14）の弥生時代後期前葉〜中頃の資料である。Cの原ノ久保A地区では、「長宜子孫」銘内行花文鏡

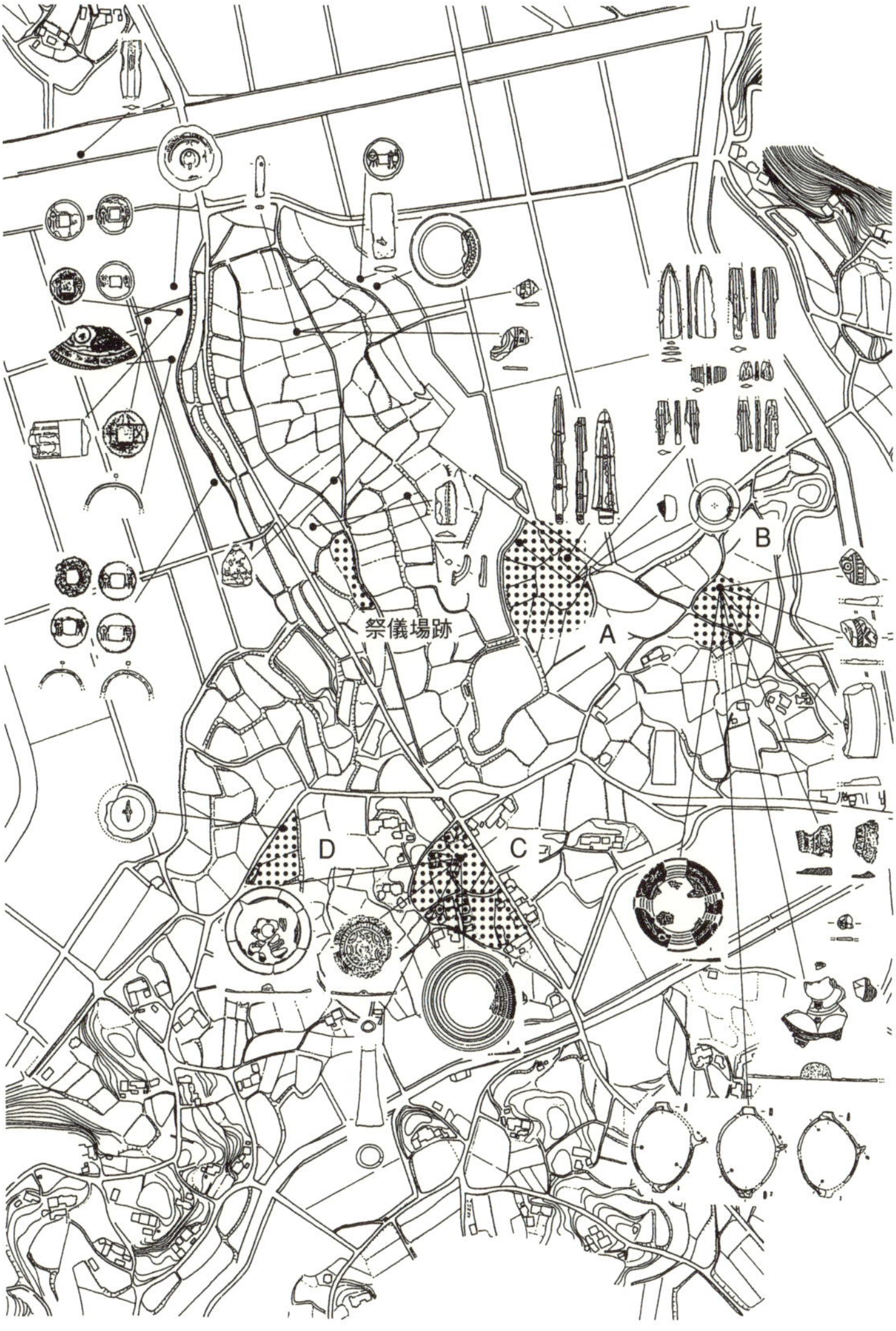


**図23**　青銅器出土分布（銅鏃を除く）
墓域　A（石田大原）、B（大川）、C（原ノ久保A）、D（苣ノ木）

（図24―5）、獣帯鏡（図24―6）、小型仿製鏡（図24―10）、筒型不明青銅製品（図25―8）など弥生時代後期後葉〜末段階の資料が出土している。Dの苣ノ木地区では、銅釧（図25―11）が弥生時代後期中頃の壺棺から出土している。威信財としての副葬品の時代的変遷は、A・B・Cの順序で変遷しており、有力者層の墓域変遷を物語っている。

墓域以外の出土品は、土坑などへ埋納されるような出土状況は認められず、廃棄された状況での出土である。台地内での出土では、祭儀場付近の原地区からは、権（図54）、青銅製ヤリガンナ（図25―7）、青銅製鋤先（図25―9）、中広銅矛片（図25―10）と鋳造した製品は明確でないが鋳型が出土している。北部の高元地区からは、獣帯鏡片（図24―8）、銘帯鏡片、小銅鐸の舌が出土している。低地部分では、中国貨幣（図53・表10）の出土が注目される。不條地区の土器溜で出土した貨泉四枚は、一枚が弥生時代後期後葉頃の壺の中から出土し、三枚が土器溜に散布されたような状況であった。

図26には鉄器を紹介しているが、このほかに、鉄鎌、鉄鋤、袋状鉄斧、鉄鑿、鉄矛、鉄鉇、鉄釣針などが出土している。このように、農具、漁具、工具、武器など多種多用の器種がみられ、弥生時代後期に入ると豊富に出回り、中期まで存在した石器工房は消滅している。鉄鎚（図26―5）、鉄鏨（図26―6）、板状鉄斧（図26―9）は、台地端の低地（不條地区）で出土しているが、弥生時代末頃に台地上で小鍛冶を行っていたことを推察できる資料である。

なお、これまで述べてきた発掘調査をまとめたものが表1である。

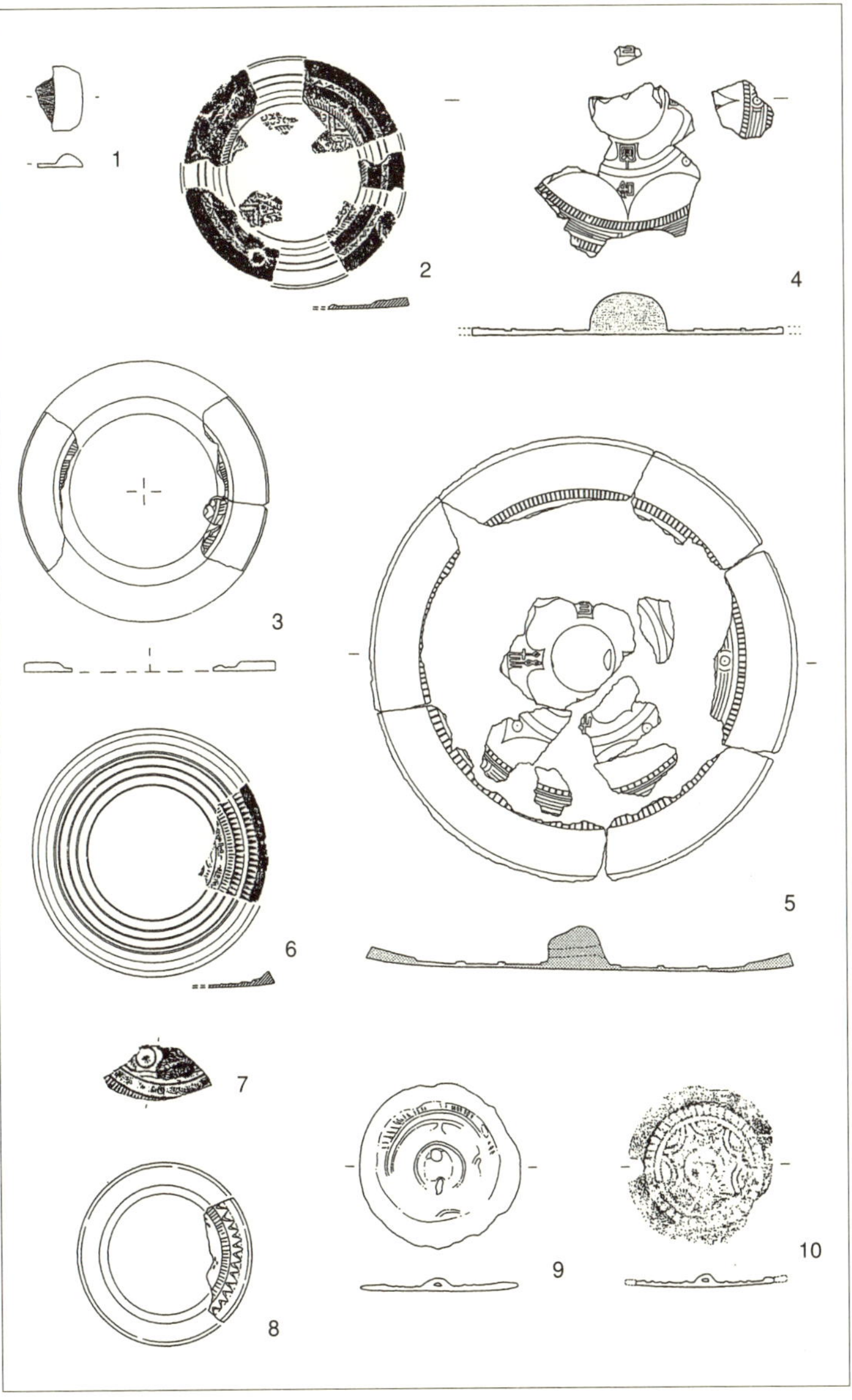


**図24**　原の辻遺跡出土青銅鏡

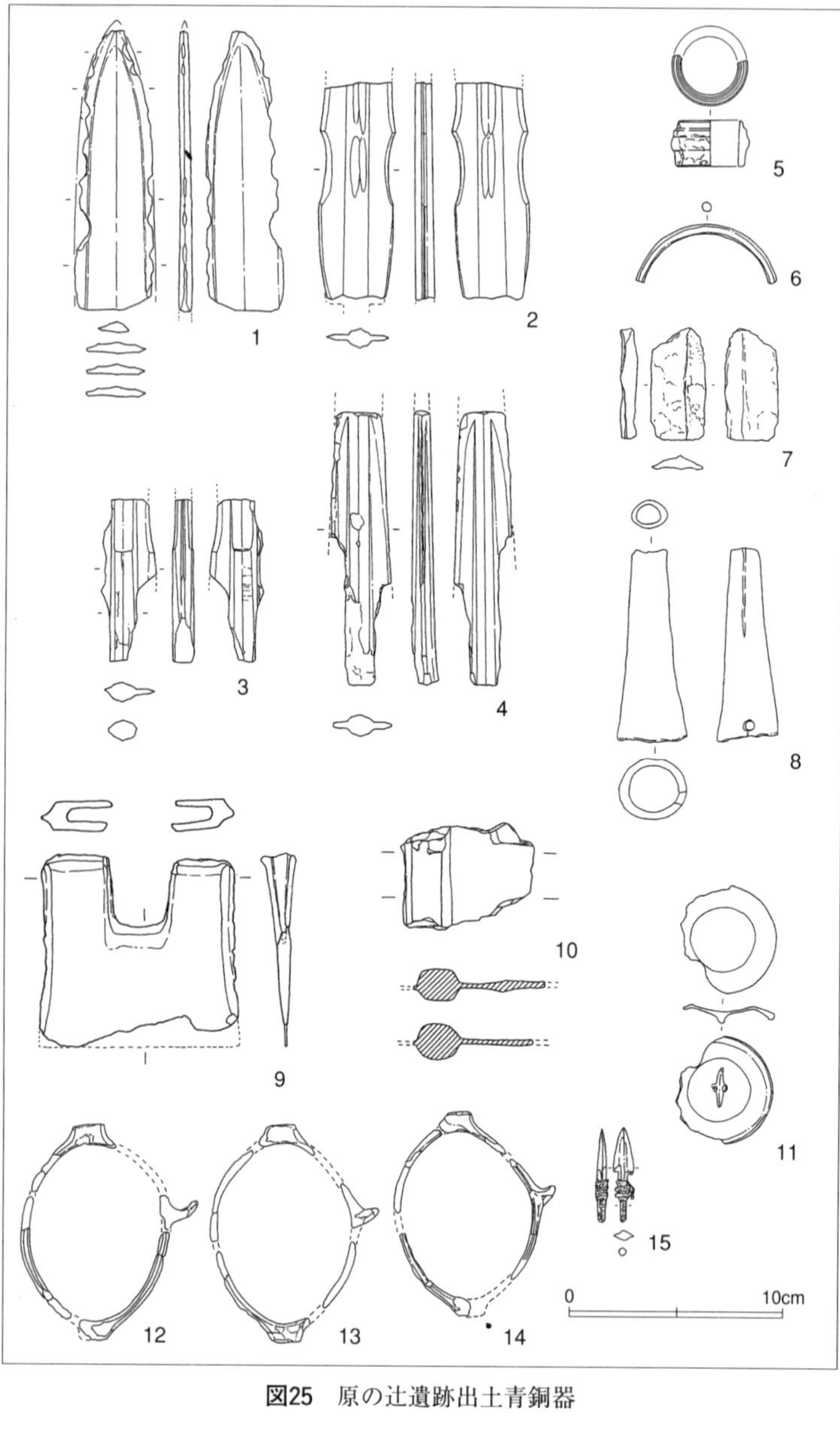


**図25　原の辻遺跡出土青銅器**

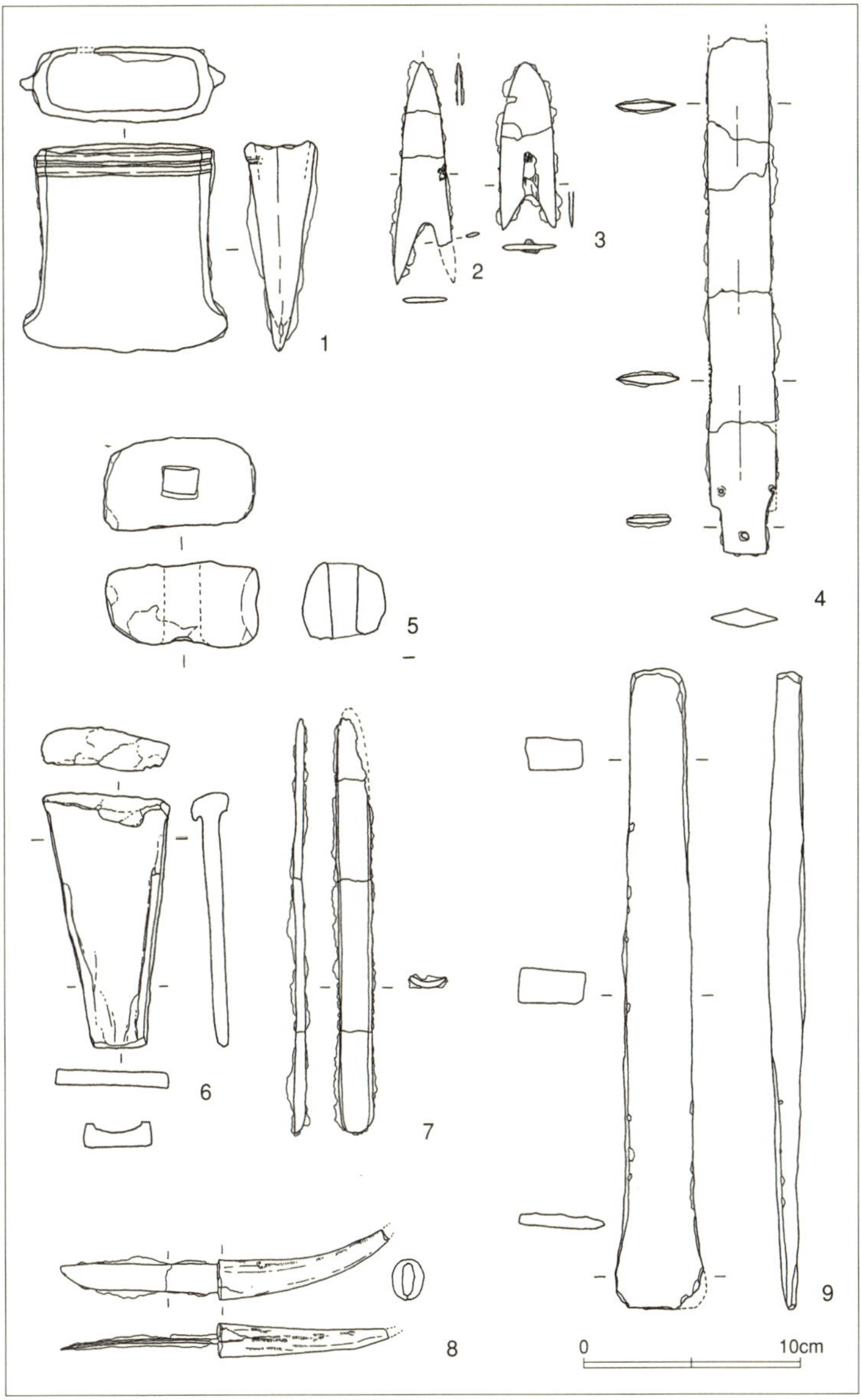


**図26**　原の辻遺跡出土鉄器

**表1** 原の辻遺跡の調査研究のあゆみ（『発掘「倭人伝」―海の王都・原の辻遺跡―』に加筆・修正）

| 発見・調査年度 | 発見者・調査主体 | 主な調査成果・内容 |
|---|---|---|
| 明治37・38頃（一九〇四・〇五） | 松本友雄 | この頃、原の辻遺跡が発見される。 |
| 大正～昭和初期 | 松本友雄・山口麻太郎 | 中央学会への遺跡の紹介・報告。 |
| 昭和14年（一九三九） | 鴇田忠正 | 幡鉾川改修にともなう耕地整理での調査。調査成果は、昭和十九年（一九四四）にまとめられる。 |
| 昭和26～39年（一九五一～六四） | 九学会・東亜考古学会 | 住居跡、墓域の確認。卜骨、貨泉、銅鏃、朝鮮半島系土器など出土。原の辻上層式の設定。石器から鉄器へ転換した典型的遺跡の評価がなされる。 |
| 昭和29年（一九五四） | 東亜考古学会 | 圃場整備にともなって、石田大原地区で細形銅剣二、細形銅矛一が出土。 |
| 昭和49年（一九七四） | 県教委 | 石田大原地区で、基盤整備にともなって、甕棺墓五一基、石棺墓一九基、石蓋土坑墓一基が発見され、中国式銅剣、トンボ玉などが出土。 |
| 昭和50～52年（一九七五～七七） | 県教委 | 範囲確認調査を実施し大川地区、原ノ久保A・B地区などの墓域を発見。大川地区では円圏規矩鏡、有鉤銅釧などが出土。遺跡が台地上に広域に拡がることを確認。 |
| 平成3～5年（一九九一～九三） | 県・芦辺町・石田町教委 | 幡鉾川総合整備計画にともなう範囲確認調査。自然災害にともなう緊急調査。環濠の一部などが発見される。 |

| | | |
|---|---|---|
| 平成5年（一九九三） | 県・芦辺町・石田町教委 | 台地東裾で環濠が確認され、遺跡が大規模な多重環濠集落であったことが判明する。楯、短甲、銅鏃、貨泉などが出土する。原の辻遺跡が、一支国の中心集落ととらえられる。 |
| 平成6年（一九九四） | 県・芦辺町・石田町教委 | 原地区の台地高台部分で掘立柱建物群を確認。高元地区で弥生中期～古墳前期の竪穴住居跡一三棟、土坑三〇基などが確認され、卜骨、獣帯鏡片が出土する。大川地区で、初期貿易陶磁、緑釉陶器、墨書土器などが出土。 |
| 平成7年（一九九五） | 県・芦辺町・石田町教委 | 原地区の台地高台部分で、掘立柱建物、平屋建物、竪穴住居、区画濠二条などが確認され、祭儀場としてとらえられる。調査指導委員会で、一支国の王都であることが確定される。県教育庁の地方機関として、原の辻遺跡調査事務所が設置されて調査体制が整備され、壱岐・原の辻展示館も開設された。 |
| 平成8年（一九九六） | 県・芦辺町・石田町教委 | 台地北側から西側の低地で、弥生前期後葉～中期の居住域や旧河道・濠が確認される。不條地区の河道からココヤシ笛、細形銅剣片、把頭飾など出土。八反地区では、船着き場跡と水田畦畔跡が発見される。原地区では、台地東側に濠と竪穴住居跡などを確認。原ノ久保A地区では、「長宜子孫」銘の内行花文鏡、筒形不明青銅器、小形仿製鏡などが出土。 |
| 平成9年（一九九七） | 県・芦辺町教委 | 不條地区の溜池造成工事にともなう調査で、弥生中期の床大引材出土。朝鮮半島系の無文土器がまとまって出土。原地区では、台地東側で濠、溝、竪穴住居跡などを確認。池田大原地区では濠を確認。九月二日に国史跡に指定される。 |
| 平成10年 | 県教委 | 不條地区の特定調査で、弥生前期後葉～中期の居住遺構、弥生後期の濠などを確認 |

| | | |
|---|---|---|
| （一九九八） | | し、前漢の五銖銭、三翼鏃、滑石混入楽浪土器などが出土。 |
| 平成11年（一九九九） | 県・芦辺町教委 | 不條・八反地区の特定調査で、弥生中期～古墳前期にかけての濠、土坑、旧河道、掘立柱建物、土器溜が確認され、青銅製車馬具、貨泉四枚、鉄鎚、板状鉄斧、鋳造鉄斧、鉄鑿、銅鏃、卜骨などが出土。原地区の整備調査で、掘立柱建物、竪穴住居跡が検出される。 |
| 平成12年（二〇〇〇） | 県・芦辺町教委 | 不條・八反地区の特定調査で、弥生中期～古墳前期にかけての濠、土坑、旧河道、石組遺構が確認され、大泉五十などが出土する。原地区の整備調査で、掘立柱建物、竪穴住居跡が検出され、土坑墓から人骨出土。十一月二十四日に、国特別史跡に指定される。 |
| 平成13年（二〇〇一） | 県・芦辺町・石田町教委 | 八反地区の特定調査で、環濠などが確認され、人面石製品、水晶玉などが出土。原ノ久保地区と苣ノ木地区の調査で、新たに墓域が確認され、苣ノ木地区では小児甕棺墓から銅釦が出土。原地区の整備調査で、大形竪穴住居跡が確認される。弥生中期の鉄製鎌出土。石田大原地区の墓域で、弥生中期～後期の墳墓が確認され、多鈕細文鏡片、後漢鏡、細形銅剣片、銅鏃などが出土し、石田大原地区が弥生前期末から中期初頭期における最初の首長クラスの墓域と確定された。台地西側の雇用促進の調査で、環濠内から人骨が出土し、貨泉、獣帯鏡片、楽浪系銅釧などが出土。 |
| 平成14年（二〇〇二） | 県・芦辺町・石田町教委 | 調査研究事業の調査では、八反地区で濠・溝・掘立柱建物跡、高元地区で小銅鐸の舌、石田高原地区で濠・溝と台地中心域への出入口とみられる道路状遺構が確認され、濠から龍を線刻した壺、ココヤシ笛、机部材などが出土。県道にともなう調査では、旧河道、濠、溝などが検出され、把手付き扉材などが出土。 |

| | | |
|---|---|---|
| 平成15年（二〇〇三） | 県・芦辺町・石田町教委 | 県道の調査では、旧河道のなかに四〇メートルにわたって弥生中期の石積み護岸が検出され、小形仿製教やネズミ返しなどが出土。原地区での整備の調査では、青銅器鋳型と素材と考えられる中広形銅矛片が出土。青銅器工房の可能性がでてきた。 |
| 平成16年（二〇〇四） | 県・芦辺町・石田町教委 | 調査研究事業の調査では、原地区の台地高台の祭儀場南端で、周溝状遺構が確認され、祭儀場に主祭殿と平屋脇殿と東西に並んだ構成が判明した。整備の調査では、石田大原地区の墓域で土坑墓、甕棺墓、周溝遺構が検出され、土坑から細形銅剣が出土した。県教委により、平成五年度から平成十六年度までの成果が、『原の辻遺跡総集編Ⅰ』としてまとめられた。 |
| 平成17年（二〇〇五） | 県・壱岐市教委 | 調査研究事業の調査では、船着き場本体が水路で区画され、河川に出島状につくられていることが確認された。壱岐市は、文化庁の「史跡等総合整備推進事業」による第一期の保存整備に着手した。 |
| 平成18年（二〇〇六） | 県・壱岐市教委 | 調査研究事業の調査では、船着き場本体の西端が石組に杭を打って樹皮で補強され、南側の河川に水の流れを調整する石積み遺構が確認された。石田大原地区では、古墳時代の石敷道路状遺構が確認された。整備の高元地区は、土器溜を中心として調査を行い、貨泉と考えられる文字不明銭が出土した。 |
| 平成19年（二〇〇七） | 県・壱岐市教委 | 調査研究事業では、船着き場の西突堤、船渠部、河川西岸、石積み分水遺構と新たに濠が確認された。三カ年の調査で、船着き場跡と旧河道の状況などがとらえられた。石田高原地区では、濠と溜井のような落ち込み遺構が確認された。県道調査では、八反地区で貨泉二枚が出土。整備の調査では、高元地区で土器溜、区画溝、竪穴住居跡、柱穴群などが確認され、ミニチュア青銅製品などが出土した。 |

# Ⅳ　集落の変遷と歴史的契機について

## 1　遺跡の立地環境

原の辻遺跡は、壱岐島南西部に位置し、幡鉾川が形成した「深江田原《ふかえたばる》」とよばれる平野に半島状に突き出た標高九〜一八㍍の低い玄武岩台地に立地するが、周囲の標高五〜七㍍の低地部にも遺跡の拡がりをもち、約一〇〇㌶範囲の規模をもつ巨大な集落遺跡である。

「深江田原」は、長崎県内では諫早干拓地に次いで二番目に広い水田地帯である。丘陵性の起伏のある地形が展開する壱岐島内では、巨大な集落を形成できるような広い台地はこの場所以外にはない。また、遺跡の周囲は標高一〇〇㍍ほどの丘陵に囲まれ、島周囲の海上から遺跡を直接に見ることができず、遺跡立地としても防御的に優れた場所にあるといえよう。

しかし、この台地は「耳取りの辻」ともいわれるように、冬場の北西風がまともにあたり、壱岐のなかで最も寒い所である。内陸の集落は、その季節風を避けて背戸山《せどんやま》といわれる山を背にして家が散らばって存在する散村形態をとっている。現在も吹きさらしの台地は、住宅が建たずに田畑として利用されていた。住むのに不向きだったため、原の辻集落が消滅した後には畑地等の生産地として残されることとなった。

壱岐の地勢は、玄武岩が覆う丘陵性の地形の島であるが、原の辻遺跡の周辺は、壱岐島内では唯一ともいえるなだらかな広い台地と、幡鉾川が形成した深江田原という沖積地を擁している。原の辻遺跡は、この空間域と生産基盤をあわせもつ恵まれた自然条件を基礎として成立している。しかも丘陵に囲まれ外海から見えにくいという立地により、先にも述べたように防御的な観点からも優れた場所にあるといえる。このことから原の辻遺跡は、冬場に寒くて住みづらいといった居住に不向きな風土条件は度外視されて、壱岐ではこの場所しかない平らな台地の上に「都市的」な集落が形成されたのである。

## 2　原の辻集落成立前後の様相

壱岐の縄文時代は、長崎県内の本土部や五島列島などの遺跡にくらべると、遺跡は小規模でその数も少なく、過疎的な状況が存続していたことがわかっている。また、縄文晩期後半期（弥生早期）から弥生初期の大陸系墓制である支石墓が対馬とともに壱岐にも発見されていないことがあげられる。壱岐では、弥生時代に継続していく遺跡は、弥生前期後葉～末の段階に新たに出現した原の辻遺跡やカラカミ遺跡が端緒になっている。この断絶した状況から判断すると、壱岐における弥生遺跡の成立は、島内での継続的な発展には求められず、他地域から壱岐へ移住した集団によってなされたことが考えられる。原の辻遺跡で出土している弥生前期土器の特徴や系統を見ると、北部九州沿岸地域の土器が使われており、この地域の集団が壱岐に進出して集落を形成したことが推測される。

壱岐・対馬で支石墓がまだ発見されていないことについて、佐世保市宇久町にある宇久松原遺跡の支石墓を調査した川道寛は、両島の縄文晩期後半（弥生早期）の遺跡がきわめて少ないことから、朝鮮半島と九州本土の中継地としての性格よりも通過地点にすぎなかったことを指摘している。この見解を裏返すと、原の辻遺跡において、朝鮮半島と九州本土を結ぶ中継基地が成立し、交易の経路とネットワークが整備されることによって、はじめて渡来する人たちの大規模な移動が可能となったと解釈される。

原の辻遺跡では、弥生前期後葉に、台地北部の高元地区（A区域）、台地北西部低地の不條地区（B区域）で居住が開始される。しかし、弥生前期後葉段階に集落が形成された必然的な要因は何であったのであろうか。

台地北西部低地の不條地区（B区域）では、溜池工事にかかわる一九九七（平成九）年の調査で検出された旧河道や、幡鉾川の改修工事にかかわる一九九五・九六（平成七・八）年の調査で検出された3号・4号旧河道に挟まれた四〇〇〇平方メートルほどのエリアから、一〇〇点を超える朝鮮半島系の無文土器、擬無文土器が弥生土器にともなって出土している。

朝鮮半島では、紀元前一九四年に衛氏朝鮮が成立し、王準が馬韓を開き、中国や朝鮮半島の政策や動乱によって、大勢の人びとが移動・移住したといわれている。東京国立博物館の白井克也は、弥生前期末～中期初頭に相当する後期無文土器の水石里式土器段階に朝鮮半島から北部九州への渡来・移住がなされたが、その背景として朝鮮半島における政治的変動があったことを指摘している。

　このようなことから、原の辻遺跡は、北部九州沿岸部地域の集団によって朝鮮半島との交易を目的として経営が開始され、対外交易の中継基地として集落が形成されたことが考えられる。原の辻遺跡の成立は、朝鮮半島との対外交渉の拠点が形成されたというだけでなく、朝鮮半島から渡来する人びとを受け入れる基地としての条件整備がなされたことを意味しており、これにより九州本土・日本列島への渡来・移住が実現可能となったと考えられる。原の辻集落は、対外交易の基地ばかりでなく、日本列島への渡来・移住を促進した中継基地として成立したのである。

## 3　第Ⅰ期―集落の形成と木器・石器工房

　原の辻遺跡は、弥生前期後葉（紀元前二〇〇年前後）の板付Ⅱb式段階に集落が形成される。まずは台地北部の高元地区約四㌶の区域（A区域）と、台地北西部低地の不條地区約四㌶の区域（B区域）に居住が開始される。弥生前期末の段階には、台地北側の閨繰（安国寺前A）地区の低地約一㌶（C区域）にも居住がみられ、中期初頭までには約九㌶のエリアに居住域が拡がっている。この弥生前期後葉から中期初頭までの段階を第Ⅰ期とする。この段階には、カラカミ遺跡が形成されるが、初期段階から原の辻遺跡は、面的に遺跡の拡がりがとらえられ、規模が卓越していることが明らかになっている。

　工房関係では、台地東側端にある石田高原地区

**図27**　原の辻遺跡の形成（弥生時代前期後葉～末）

**図28**　石器素材・未製品・破片（不條地区）

の大溝遺構から、弥生前期後葉～中期初頭の土器にともなって、木製鍬・手斧などの未製品が出土しており、木器製作を行っていたことがわかる。一方、不條地区（B区域）と閨繰地区（C区域）の低地では、多くが対馬産と推定される頁岩や粘板岩の素材と未製品・失敗品・剥片（図28）が多く出土しており、石庖丁・石鎌・石斧などの製作（図29）が盛んに行われていたことが推測される。製作された木器は島内での消費が推測され、石器は素材とともに島外に交易財として運ばれた可能性をもっている。

　また、前述したように不條地区の旧河道にはさまれた四〇〇〇平方㍍ほどのエリアでは、一〇〇点を超える朝鮮半島系の無文土器や擬無文土器が出土しており、渡来人やその子孫たちが弥生人と雑居していた状況が推察される。

　墓域では、台地北側の閨繰地区、台地中央部の

**図29**　石斧類（不條地区）

原地区、台地東側の石田大原地区に墓域が形成される。とくに石田大原地区では、朝鮮半島系の多鈕細文鏡と細形銅剣・銅矛と中国系のトンボ玉が出土しており、弥生中期初頭頃には原の辻遺跡で最初の首長クラスの墓域が成立したことが想定される。

原の辻遺跡では、弥生前期後葉〜中期初頭の段階では溝は確認されているが、環濠は確認されていない。しかし、次の弥生中期前葉の須玖Ⅰ段階になると環濠の掘削と整備が行われ、原の辻集落に大きな変動が認められる。

## 4　第Ⅱ期―環濠集落の成立と交易の活発化

原の辻遺跡では、弥生中期前葉（紀元前一〇〇年前後）の須玖Ⅰ式古段階に環濠が掘削されて、濠に囲まれた約一六ヘクタールの居住域と濠の外側に墓域が存在する「原の辻大集落」が成立する。弥生前期末～中期初頭には、石田大原地区で首長クラスの墳墓が形成されていたが、一支国の国邑としての整備が行われたのである。この、第一次城塞集落が形成され継続した段階、弥生中期前半～後期初頭までの時期（須玖Ⅰ式～須玖Ⅱ式を中心とし、高三潴式の一部を含む時期）を第Ⅱ期とする。

　台地中央（原地区）には、高台の祭儀場を中心として居住域が拡がっており、環濠は居住域と中枢部を護るために整備されていたと考えられる。また、弥生中期前半になると、台地北側と北西側低地にあったB・C区域約五㌶に、新たに川原畑地区約一㌶のD区域が加わり、低地約六㌶の区域が居住域を形成し、台地環濠内の約一六㌶の区域と区別されていたことになる。

　このように約二二㌶に拡大した原の辻大集落であるが、台地と低地の居住域を、「山手地区」と「下町地区」と例えれば、台地と低地の地形的な棲み分け区分の状態から、須玖Ⅰ式段階に濠が巡らされることによって、濠に囲まれた集団と外側にいる集団とが明確に区分されたことになる。おそらく、「山手」と「下町」には、階層の上下関係や地元（みうち）と旅人（よそもの・地元では「たびのひと」という）などの区分があって、上位集団によって経営や運営がなされていたことが推定される。原の辻大集落における環濠によって表現された境界区分は、須玖Ⅰ式段階になってより分化した階層関係・社会関係や政治的な成熟状況を反映していると考えられる。

　第一次城塞集落とでもいえる整備では、環濠のほかにも船着き場・祭儀場などの全体的な計画にもとづいた大土木工事が敢行されている。この大土木事業は、島内の在地勢力だけではむずかしく、社会的再編が進行していた北部九州地域の後に奴国、伊都国とよばれるクニグニの勢力や政治組織との連携のなかで、大陸・朝鮮半島との対外交渉・交易基地の整備として実現したことが推察される。後ろ楯となった北部九州勢力は、「初期ツクシ連合体」あるいは「第一次ツクシ連合体」という表現ができるかもしれないが、白井克也は「楽浪建郡の余波で結束を強めた北部九州の倭人集団が、集落維持のために原の辻貿易のいわば〝大株主〟となっていた」と想定している。

その背景には、紀元前一九四年に成立したといわれる衛氏朝鮮や、紀元前一〇八年に前漢の武帝によって設置された楽浪郡ほか四郡の存在があろう。つまり朝鮮半島における国際情勢の変化が直接的な刺激となって、交易活動が活発化したことが要因になったと推測される。原の辻遺跡で出土する弥生土器の主体は北部九州系統の土器であり、とくに弥生中期前葉以降になると土器型式的に糸島地域系の土器が主体を占めていることから、筆者は伊都（イト）との関係が深かったことを想定している。

台地北西部低地の不條地区では、中国系文物として、弩《ど》（機械仕掛けの強力な弓）の矢の鏃である三翼鏃、前漢の貨幣である五銖銭《ごしゅせん》、滑石混入の楽浪土器、朝鮮系の擬無文土器、建て込み工法の高床建物の床大引き材が出土しており、大陸系の最新土木技術で築かれた船着き場遺構の周辺には市場や石器工房の存在が想定される。また、墓域の石田大原地区では、中国式銅剣、ヤリガンナ、刀子などの鉄器、細形銅剣、天河石（アマゾナイト）製玉、管玉、ガラス小玉などが出土し、首長クラスの特定集団墓が存続していることが考えられる。

**図30**　弥生後期に新設された不條地区の濠

## 5　第Ⅲ期—環濠の再掘削と低地居住の放棄

弥生中期前葉に掘削された濠は、弥生中期末頃には埋没していた状況が調査によってとらえられている。濠は、原の辻大集落の内部を防御する目的として設営されたが、安定した期間がつづくと、濠と土塁施設の維持管理体制が弱まり、弥生中期末頃には濠の埋没が進行していた状況がうかがえるのである。

原の辻遺跡では、調査によって弥生後期初頭（紀元五〇年前後）の高三潴式段階に環濠の再掘削が行われ、台地北西部の低地（不條地区）や台地北東部低地（石田高原地区）において濠が新設されている。そして、この第二次城塞化によって、低地にあった居住域の放棄が行われているのである。

不條地区では、弥生中期の濠の外側に弥生後期に新設された濠（図30）が五条確認されているが、この濠は発掘状況から弥生前期〜中期の土坑やピットを壊した形で造設され、旧河道の手前で止まり、途中で切れるなど、複雑に交錯して総体的に環濠として機能していたことが考えられる。途切れた部分は、出入口として使用されていたことが推測される。低地の「下町地区」では、不條地区（B区域）が弥生前期後葉〜後期初頭、閨繰地区（C区域）が弥生前期末〜中期末、川原畑地区（D区域）が弥生中期後葉〜後期初頭まで生活痕跡が認められるが、その後は居住域として利用されていないことが確認されている。

このように、弥生後期初頭の段階では、低地に存在した防御域を外部へ拡大するために、濠を新設したことが推察される。これにともなって、台地西側低地（八反地区）に存在した船着き場も機能を失い、付近にあった市場とともに別の地点に移動したことが推測される。これらのことは、個々のできごとがばらばらに生起したのでなく、弥生後期初頭に行われた整備も一体的に行われたことを物語っている。

台地北東部低地の不條地区の状況をみると、防御域を外部へ拡げ、低地に居住する住民を移住させて環濠を新設したことが推測されるが、戦略的な城塞化のために低地を追われ、台地の環濠内の居住域にも入れずに溢れた人びとは、どこに行ったのであろうか。筆者は、弥生中期以降に形成され、拠点集落として整備されていった車出遺跡群への移住があったのではないかと推考している。

車出遺跡群は、郷ノ浦町の柳田地区にある拠点集落で、島の南西部の半城湾と宇土湾を押さえる要所であり、原の辻遺跡と同じ幡鉾川水系の上流に位置するところから、もともと原の辻遺跡から分岐した集団によって経営が開始されたことが考えられる遺跡である。原の辻遺跡に認められる弥生後期初頭段階の低地居住の放棄と環濠の再掘削および新設による集落の再城塞化と整備については、国際的な情勢と日本列島の状況が反映していることが考えられる。

これらの整備は、北部九州地域の弥生土器編年によれば、福岡市教育委員会の常松幹雄編年の後期第1式、元福岡県教育委員会の柳田康雄編年の後期2式（古相）の段階に行われているようである。奈良県立橿原考古学研究所の寺澤薫は、畿内と九州の弥生土器の年代にふれて、元福岡県教育委員会の橋口達也による甕棺編年のKⅢc式の時期とKⅣa式の間に北部九州地域の「後期1」を置いている。また、北部九州中期末の岡村秀典編年の第3期鏡群の副葬時期を紀元前第4四半期までとし、それに後続する「後期2」を紀元後一世紀の第2四半期までに位置づけている。そこで、従来の弥生後期初頭（橋口KⅣa式およびKⅣb式）の開始年代を紀元後一世紀の第3四半期に下る可能性を示した。

常松編年の後期第1式、柳田編年の後期2式（古相）は、橋口のKⅣa式に対応すると考えられるので、寺澤の見解を援用すると、濠の再掘削と新設の再城塞化の時期は、五〇年～七五年の間という暦年代が与えられてくる。この年代を根拠とすれば、後漢への奴国王の朝貢が五七年にあり、中国後漢の冊封体制への編入にともなって、東アジア世界の国際的秩序のなかで、北部九州のクニグニからなる「ツクシ連合体制」の再編成が行われたことが考えられる。この連合体制については、金関恕のいう宗教同盟や安全保障で結ばれた北部九州地域のクニグニの政治的な連合体を推測している。また、「ツクシ連合体制」とは、山尾幸久が「ツクシ政権」、小田富士雄が「筑紫連合政権」、高倉洋彰が「金印国家群」という名称を使用する北部九州地域のクニグニの連合体制のことである。

このように原の辻遺跡の第二次城塞化は、倭における五七年の後漢への朝貢と政治体制の再編成（五七年体制）が歴史的契機となったと思われるが、その前段の五〇年前後にツクシ連合の主導のもとに実施され、台地西側低地にあった船着き場も別地点に再構築されたことが推察される。また、前段階の第Ⅱ期において、弥生時代前期後半～中期まで朝鮮半島系の擬無文土器を使用していた人たちは、台地北西部の低地（不條地区）の一角などで弥生人と雑居していたが、三韓土器の段階になると、低地居住の放棄とともに、北部九州地域のクニグニの政治連合体制の管理的な交易システムに組み込まれたことが推測される。このことについては、Ⅴ章の5節で詳述する。

このように、五〇年前後の北部九州地域における政治体制の再編成が契機となって、原の辻遺跡の第二次整備が実施されたことが推測され、これ以後、一〇七年の倭国王による朝貢が行われたころから、「倭国大乱」が終息する（一九〇年頃か）以前の弥生後期初頭～後期中頃（高三潴式～下大隈式前半期）までの段階を第Ⅲ期とする。

台地中央部の原地区では、青銅器鋳型が出土し、銅材と推定される折られた中広銅矛片も出土しており、青銅器工房が存在した可能性を示す。現在までに一五〇本以上出土している日本最多の銅鏃は、すべて柳葉形有茎鏃で単一な形態をもっており、弥生後期前半期から原の辻遺跡内で製造された可能性がある。原地区は、その有望な候補地といえよう。今後、調査によって金属工房関係の遺構・遺物資料の増加が期待されるが、「山手地区」の台地内部では銅鏃や鉄製品の金属工房が存在した可能性が高くなってきた。また、「下町地区」を中心とした石器工房は、鉄器流通システムへの機構改革のなかで解体したが、それについては現文化庁の禰宜田佳男がいう「伝統的な石器生産から鉄器流通システムへの変化」が背景になっていると推測できる。

台地西部の低地（八反地区）では、中国貨幣の大泉五十・貨泉、車馬具、権、円環形銅釧が出土し、第Ⅲ期に流入した中国系文物と考えられる。この第Ⅲ期の墓域では、大川地区で中国製の円圏文規矩四神鏡、銘帯鏡、内行花文鏡と国産の有鉤銅釧、ガラス勾玉が出土しており、首長墓に副葬された威信財などの在り方から、石田大原地区から大川地区へ首長クラスの墓域が移動したことが考えられる。

## 6　第Ⅳ期―環濠の消滅

原の辻遺跡では、弥生後期後葉（紀元一九〇年前後）の下大隈式後半段階に、台地を取り巻く環濠や台地を東西に区切る区画濠に土器などの遺物が一括遺棄され、弥生終末～古墳初頭期には濠が埋没した状況がとらえられる。台地北西部の低地（不條地区）などの一部の濠を除いて、環濠が埋められ埋没していく段階を、弥生後期後葉～終末・古墳初頭期の第Ⅳ期とする。

寺澤薫は、環濠集落の解体と濠が埋められていく理由について、共同体から階層的にも成長して独立した首長が居館を設け、残された民衆が自らを環濠で守っていくことを嫌って環濠を放棄させ解体を促したとし、首長居館の成立と環濠集落の解体とを一体的な歴史事象としてとらえている。

**表2**　北部九州弥生後期後葉～古墳前期土器対応表

| | 常松 1993 | 柳田 1987・1991 | 久住 1999 | 井上 1991 |
|---|---|---|---|---|
| | Ⅲ式下大隈式A | 後期3式<br>後期4式<br>後期5式 | | |
| 170 | Ⅳ式下大隈式B | | 後期後葉新相 | 後期後葉1式 |
| 210 | Ⅴ式西新Ⅰ式A | Ⅰa式（3世紀中頃） | ⅠA期 | 後期後葉2式 |
| 235 | Ⅴ式西新Ⅰ式B | Ⅰb式（3世紀後半） | ⅠB期 | 後期後葉3式 |
| 260 | Ⅵ式西新Ⅱ式A | Ⅱa式（3世紀末） | ⅡA期<br>ⅡB期 | 古墳前期1式 |
| 285 | Ⅵ式西新Ⅱ式B | Ⅱb式（4世紀前半） | ⅡC期 | 古墳前期2式<br>古墳前期3式 |
| 310 | | Ⅱc式（4世紀中頃） | ⅢA期 | 古墳前期4式 |
| | | Ⅲa式（4世紀後半） | | |
| | | Ⅲb式（5世紀前半） | | 古墳前期5式 |

原の辻遺跡では、弥生後期後葉の下大隈式後半段階から環濠の埋没が進められていくが、この段階は常松幹雄の年代観によれば、一七〇～二一〇年の暦年代が与えられる（表2）。この年代を基点とすれば、『三国志』、『後漢書』にいう「桓霊間」（一四七～一八九年）あるいは「霊帝の光和中」（一七八～一八四年）の「倭国大乱」の終息、そして卑弥呼共立にともなう「邪馬台国連合体制」への「ツクシ連合体制」の編入と、それによる社会の安定化が背景となったことが推定される。すなわちこのことが契機となって、原の辻遺跡の城塞化した集落の環濠が埋められ、一種の武装解除されたような状況になったことが推測されてくるのである。

　この事象を踏まえれば、一支国は、これ以後「邪馬台国連合体制」（初期ヤマト政権）に組み込まれたことが考えられる。弥生時代に成立した環濠集落は寺澤薫がいうように、環濠の消滅によってほとんどが解体する。しかし、原の辻遺跡の場合は、それ以後も集落が継続して営まれている。このことは、ツクシ連合体を編入した邪馬台国連合体のなかにおいても、対外交渉・交易システム・ネットワークにおいて、一支国の交易・交流拠点としての重要性がかわらず、その役割が維持され、邪馬台国連合体の一員としてクニの役割を果たしていたことが考えられる。

　弥生後期後葉段階には、墓域の原ノ久保A地区で、後世に埋め戻された資料ではあるが、径二〇センチを超える「長宜子孫」銘の内行花文鏡、不明筒型青銅器、ガラス勾玉が下大隈式土器にともなって出土し、また箱式石棺墓群からは小型仿製鏡が出土している。このことから、第Ⅳ期には、有力階層の墓域が大川地区から原ノ久保A地区へと移動し、径二〇センチの大形鏡は首長墓が存在した可能性を示唆する。

　第Ⅳ期後半の弥生終末～古墳初頭期には、台地西側低地の八反地区で楽浪系の鉄鎚、朝鮮半島系板状鉄斧、鉄鏨が出土し、鉄器の鍛冶工房があった可能性が高まった。また、鏡片資料として、墓域の原ノ久保A地区で採集された「居右」銘の半肉彫式獣帯鏡、台地西側低地（八反地区）の旧河道から出土した半肉彫式獣帯鏡がある。

## 7　第Ⅴ期—原の辻大集落の解体

　原の辻大集落は、古墳時代前期前葉の布留式土器の時期、柳田康雄編年の土師器Ⅱc式、久住猛雄編年のⅢA期の段階を最後に、消滅解体する。

集落解体の時期は、柳田の年代観によれば、四世紀中頃に位置づけられる。原の辻大集落は解体・消滅するが、それ以後、島内において原の辻遺跡のように一カ所に集住する大集落は形成されていない。

四世紀における国際的な情勢をトレースすると、高句麗が三一三年に楽浪郡を、三一四年に帯方郡を滅ぼし、三一五年に玄菟城を攻破している。魏は西晋に引き継がれるが、その西晋も三一六年に滅んでいる。原の辻遺跡の場合は、中国との対外交渉の場所である楽浪郡・帯方郡との足がかりを失ったことが決定的な打撃になったようである。また、列島社会においては、中国の魏と西晋を後ろ盾とした「邪馬台国連合体制」から「ヤマト政権」への再編のなかで、原の辻遺跡の存立基盤が失われていったことが考えられる。この環濠がほとんど埋没し、集落が解体するまでの四世紀前半から中頃の古墳前期の段階を第Ⅴ期とする。

この段階では、台地内の高元・原地区で、長方形の平面プランでベット状遺構をもつ竪穴住居が多数検出され、環濠が消滅した後にも居住域は継続していることが確認できる。しかし、台地中枢の祭儀場では、前段階まで高床主祭殿と平屋脇殿が存在して祭儀建物を構成していたが、古墳前期になると大型の竪穴住居跡とベット状遺構をもつ竪穴住居跡の構成に入れ替わっている。また、台地北西部低地の不條地区では、後期に新たに掘削された濠が残っていたが、濠のなかに畔状の土手で区切るなど防御よりも微高地で耕作されていた畑の灌漑用の水溜のような施設に機能が変化したことが推測され、柳田康雄編年の土師器Ⅱc式、久住猛雄編年のⅢA期の土師器と陶質土器などが一括投棄されて役目を終えている。

第Ⅳ期の項で、列島内の弥生時代終末段階には有力者の居宅が集落から飛び出して首長居館（豪族居館）が成立し、環濠が埋められてしまうことを記述したが、祭儀場での建物構成の変化は、原の辻遺跡の場合においても第Ⅳ期に首長居館が集落外に設けられて、首長居館の成立とともに祭儀建物も同時に移設されたことが想定される。

また、この第Ⅴ期の古墳前期段階の墓域はまだ明確になっていない。「ヤマト政権」とつながりをもち、三角縁神獣鏡を副葬する首長墓である前方後円墳の存在も確認されておらず、政治の中枢が島中央部から移っていくこととあわせて、今後の課題として残されている。

原の辻遺跡は、大陸・朝鮮半島との交易を行う中継基地として成立し、国際的な交易センターとして、都市的な巨大集落に発展した。東洋史の岡田英弘は、「原住民の有力者の監督・保護下に、外国人と原住民の交易を行う市場を中心として発達した都市が『国』である」としており、同じ東洋史の生田滋は、貿易港の機能を基礎として成立した都市のことを「港市《こうし》」として、この港市を基盤として成立した国家を「港市国家」とよんでいる。このように、原の辻遺跡を国邑として繁栄した「一支国」は、岡田と生田がいうような「港市国家」「通商海洋王国」ともよぶべき性格のクニとなった。しかし、このⅤ期をもって、魏・西晋を後ろ盾とした邪馬台国連合体制の対外交渉・交易システム・ネットワークが崩壊し、クニとしての存立意義を失って集落が解体したと考えられる。

なお、本章で述べてきた原の辻集落の変遷については表3に、さらに倭（日本）および中国・朝鮮の動向を表4にまとめたので参照してほしい。

表3 原の辻遺跡の集落変遷

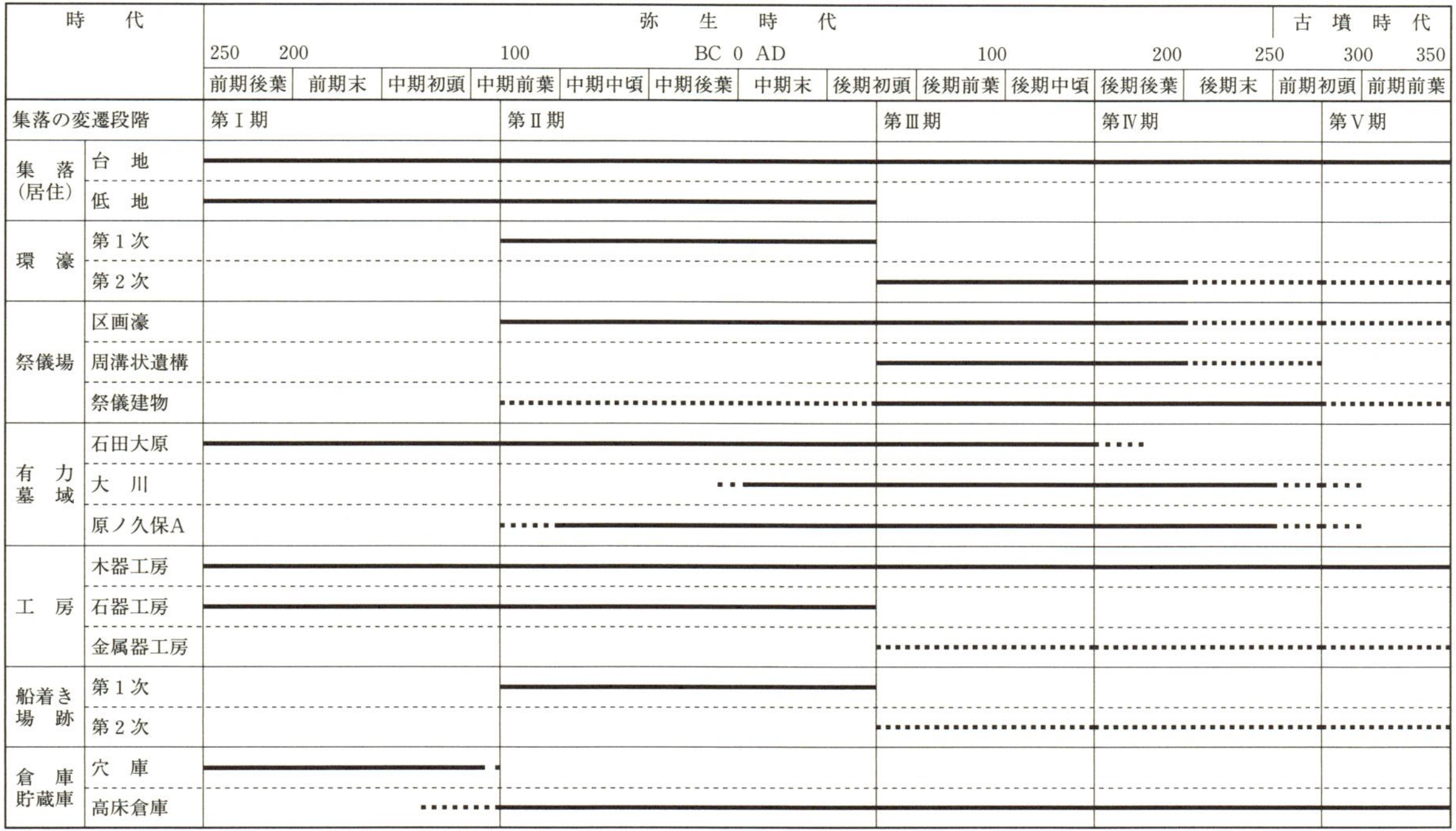
時代
弥生時代
古墳時代
250
200
100
BC 0 AD
100
200
250
300
350
前期後葉
前期末
中期初頭
中期前葉
中期中頃
中期後葉
中期末
後期初頭
後期前葉
後期中頃
後期後葉
後期末
前期初頭
前期前葉
集落の変遷段階
第Ⅰ期
第Ⅱ期
第Ⅲ期
第Ⅳ期
第Ⅴ期
集落（居住）
台地
低地
環濠
第1次
第2次
祭儀場
区画濠
周溝状遺構
祭儀建物
有力墓域
石田大原
大川
原ノ久保A
工房
木器工房
石器工房
金属器工房
船着き場跡
第1次
第2次
倉庫貯蔵庫
穴庫
高床倉庫

**表4** 原の辻遺跡関連年表

| 時代 | 時期 | 西暦 | 日本（倭）のできごと | 中国・朝鮮半島のできごと | 中国 | 朝鮮 |
|---|---|---|---|---|---|---|
| 弥生時代 | 早期 | BC 五五〇 | ・この頃、北部九州に弥生文化が成立する | | 春秋 戦国 | 無文土器文化 |
| | 前期 | 二二一 | | ・秦の始皇帝が中国を統一 | 秦 | |
| | | 二〇六 | | ・秦滅ぶ | | |
| | | 二〇二 | ・この頃、原の辻遺跡に弥生人が居住始める | ・劉邦が即位して、漢王朝成立 | 前漢 | |
| | | 一九四 | | ・衛満、箕子朝鮮を滅ぼし、衛氏朝鮮始まる | | 衛氏朝鮮 |
| | 中期 | 一一八 | ・この頃、原の辻遺跡が大規模な環濠集落となり、船着き場が建設される | ・五銖銭が鋳造される | | |
| | | 一〇八 | ・この頃、倭国が百余国に分かれ、楽浪郡に「歳時を以て来たり献見すという」（『漢書地理志』） | ・前漢武帝、衛氏朝鮮を滅ぼして楽浪郡など四郡を置く | | |
| | | 八二 | | ・前漢が鉄製武器の輸出解禁。臨屯と真番の二郡を廃止 | | |
| | | 七五 | | ・朝鮮半島での前漢勢力後退、楽浪郡のみ残る | | |
| | | 三五 | | ・朱蒙（東明王）、高句麗を建国 | | |

後期

| 年 | 日本 | 中国・朝鮮 |
|---|---|---|
| AD一 | | ・王莽が国政を把握する |
| 五 | | ・「東夷の王、大海を渡りて、国珍を奉ず」（『漢書王莽伝』） |
| 七 | | ・大泉五十が鋳造される |
| 八 | | ・前漢滅亡。王莽が新王朝を起こす |
| 一四 | | ・貨泉が鋳造される |
| 二二 | | ・王莽敗死し、新滅ぶ |
| 二五 | | ・光武帝、後漢成立。楽浪独立（王調の乱） |
| 三〇 | | ・後漢、楽浪を回復する |
| 三二 | | ・高句麗、後漢に献使 |
| 三七 | | ・高句麗、楽浪郡を襲う |
| 四〇 | ・この頃、原の辻遺跡では、低地の居住が放棄され、濠が再掘削される | ・五銖銭を復活して鋳造 |
| 五七 | ・倭奴国王、後漢に朝貢して金印を授かる（福岡県志賀島出土「漢委奴国王」印） | |
| 一〇七 | ・「倭の国王帥升等、生口六十一人を献じ、請見を願う」（『後漢書東夷伝』） | |

| 中国 | 新（八～二二） | 後漢（二五～） |
|---|---|---|

| 朝鮮 | |
|---|---|
| 高句麗 | |
| 馬韓 | 原三国時代 |
| 辰韓 | |
| 弁韓 | |

| 年 | 倭 | 中国・朝鮮 |
| --- | --- | --- |
| 一四六 | | ・高句麗、遼東郡へ進出。以後楽浪郡へも進出 |
| 一四七〜一八九 | ・この頃、倭国乱れ、攻伐しあうこと暦年、卑弥呼を共立して王とする（倭国大乱と卑弥呼の共立） | ・「恒霊間」一四七〜一八九<br>・「霊帝の光和中」一七八〜一八四 |
| 一七二 | | ・華中各地で反乱起こる |
| 一八四 | | ・黄巾の乱、この後中国は群雄割拠となる |
| 一九〇 | ・この頃から、原の辻遺跡で濠が埋没する | ・公孫度、遼東候と称し、楽浪郡を支配 |
| 二〇四 | ・この頃、卑弥呼が公孫氏の帯方郡へ朝貢を行うか（天理市東大寺山古墳鉄刀） | ・公孫康、楽浪郡の南を分割し、帯方郡を置く |
| 二二〇 | | ・魏建国し、後漢滅ぶ |
| 二三八 | | ・魏、公孫氏を滅ぼし、楽浪、帯方郡を掌握 |
| 二三九 | ・邪馬台国女王卑弥呼、大夫難升米、次使都市牛利等を、帯方郡から魏の洛陽に派遣して生口十人を献じる | ・魏王、卑弥呼に「親魏倭王」の金印、難升米を卒善中郎将、牛利を卒善校尉となして、銀印を仮授する |
| 二四〇 | ・倭王は使に因って上表し、謝恩を答謝する | ・帯方郡の太守弓遵、建中校尉梯儁等を倭に遣わして、魏の詔書と「親魏倭王」の金印を届ける |

魏
蜀
呉

| | | | | |
|---|---|---|---|---|
| 古墳時代 | 前期 | 二四三 | ・倭王、大夫伊声耆、掖邪狗等八人を魏に遣わす。掖邪狗等、卒善中郎将の印綬（銀印）をうける | |
| | | 二四五 | | ・魏帝、倭の難升米に黄幢を与えて、郡に仮授させる |
| | | 二四七 | ・倭女王、載斯、烏越等を遣わして、狗奴国との交戦を告げる | ・魏王、賽曹掾史張政等を遣わして、詔書・黄幢を難升米に与え、檄をつくって告喩する |
| | | 二四八 | ・この頃、卑弥呼没し、径百歩の冢を造り奴婢百余人を殉葬する。卑弥呼没後、男王を立てるも国中治まらず、卑弥呼の宗女壱与を立てて王となし、国中安定する<br>・壱与、大夫卒善中郎将掖邪狗等二十人を遣わし、張政等に送らせる | |
| | | 二六五 | | ・司馬炎、西晋を建国 |
| | | 二六六 | ・倭女王、西晋に入貢する | |
| | | 二七四 | | ・晋は、幽州を分けて平州を置き、楽浪、帯方など五郡を属しめる |
| | | 二八〇 | | ・呉が滅んで、西晋が統一する |
| | | 二七六〜 | | ・東夷諸国の朝貢の記事あり |
| | | 二九一 | | |
| | | 三〇一 | | ・異民族の中原侵入により、八王の |
| | | | | 西晋 |

| | | | | |
|---|---|---|---|---|
| | | | | 乱起こる |
| | | 三〇二 | | ・高句麗、玄菟郡を攻める |
| | | 三一一 | | ・高句麗が、遼東郡西安平県を奪取し、楽浪、帯方郡が孤立する |
| | | 三一三 | | ・高句麗が、楽浪郡を滅ぼす |
| | | 三一四 | | ・高句麗が、帯方郡を滅ぼす |
| | | 三一五 | | ・高句麗が、玄菟城を攻略、陥落させる |
| | | 三一六 | | ・西晋滅ぶ |
| | | 三一八 | | ・司馬睿、東晋起こす |
| | | | ・この頃、原の辻遺跡の集落が解体する | |
| | | 三六七 | | ・百済の使者、倭に至る |
| | | 三六九 | | ・百済が倭と結んで新羅と戦う |
| | | 三八六 | | ・鮮卑の拓跋珪、北魏を起こす |
| | | 三九一 | | ・倭が新羅・百済を破り、高句麗軍と戦う |
| | | 四〇〇 | | ・高句麗が新羅を助け、加耶を攻撃 |

五胡十六国

東晋

三国時代：百済　新羅　加耶

# V　発掘調査の成果と評価

## 1　船着き場跡について

### （一）一九九六年度の調査

　船着き場跡は、台地西側低地の八反地区で実施された圃場整備にかかわる農道と水路部分の調査で、一九九六（平成八）年に発見された。この遺構は、荷揚場と考えられる本体部と二本の突堤からなっており、全体の規模が長さ約四六メートル、幅約二六メートルの施設が想定された。突堤は、南北方向（真北から主軸が一八度西に傾いている）を向き、東側を東突堤、西側を西突堤とした。東突堤は、上面幅約三メートル、下底幅約九メートル、高さ約二メートルを測り、調査区で確認できた長さは約一〇メートルである。先端から長さ約九メートルまでは、人頭大から一抱えもある玄武岩礫で覆われている。西突堤は、上面幅約三・二メートル、下面幅約八・八メートル、高さ約一・六メートルを測る。内側面（東側法面）は礫で覆われているが、西側は土端のままである。両者ともに断面は台形状を成している。突堤間の船渠部分の距離は、上端で約一二・四メートル、下端で約八メートルを測る。

　この突堤の構造を調べるために、西突堤の礫が敷かれていない部分を二メートル幅でL字形に掘り下げ、それによって、突堤内部の状況が判明してきた。突堤の基礎部分には、木材を敷き、その上に礫を置いて押さえ、盛土を行っている。盛土の法面には、横崩れを防ぐために木杭を打ち、樹皮で覆って補強し、土塁状に仕上げている。さらに、西突堤では東側法面を、東突堤では先端から約九メートル付近までを礫で覆っているが、樹皮と礫の張り付けは、突堤の盛土の保護と強化を目的としたものと思われる。

　木材等を基礎に敷く方法は一種の「敷《しき》粗《そ》朶《だ》工《こう》法《ほう》」であり、石を多用する複雑な工法は、大陸系の最新の土木技術が導入されていることが考えられる。長崎大学土木工学部の後藤惠之輔は、基礎に敷いた材木が井桁状に組まれている可能性から、軟弱な地盤に築いた突堤の沈下を防ぐための現代のジオキスタイル工法と同じ技術であることを指摘している。

　石組遺構は、東突堤から南側に二〇メートルほどの位置にあり、幅二メートルの調査区に、北石組が長さ約六メートル、南石組が長さ約六メートルほどかかり、両石組の間が幅約七メートルの平坦面をなしている。石組は、突堤と同様に玄武岩礫で法面を覆っており、北石組は北側に一二度の傾斜をもち、南石組は中央が窪んで深さ約一メートルの溝状をなしている。この調査においては、限られた調査地区のなかではあるが、石組間にみられる平坦面を連絡通路と位置づけた。しかし、二〇〇五（平成十七）年度の調査で新たな事実が判明し、修正を行うことになる。

　このように、船着き場の築造に当たっては、河床面の軟弱地盤上に施設が設けられるため、大陸系の土木技術である「敷粗朶工法」が採用され、突堤や石組に石を多用するなど、これまでの弥生時代の遺構にはみられない、類例のない施設であ

**図31**　西からみた船着き場跡　基礎として敷かれた木材や横崩れを防ぐ木杭がみえる

**図32**　船着き場跡　東側突堤（東から）

ることが判明した。

船着き場跡の築造年代については、西側突堤の盛土から出土した土器が弥生中期前葉の須玖Ⅰ式古段階の資料であることから、その直後に築造された可能性が高く、弥生中期中葉の須玖Ⅰ式新段階には船着き場として機能していたことが推測された。一九九七（平成九）年には、岡山県上東遺跡で「敷粗朶工法」を用いた突堤をもち木杭列で補強する弥生後期前半の船着き場跡が発見されたが、原の辻遺跡の船着き場跡は現在も日本最古であり、東アジアにおいても最も古い船着き場跡として位置づけられている。

## （二）二〇〇五〜二〇〇七年度の調査

一九九六（平成八）年度に発見された日本最古の船着き場跡は、原の辻遺跡が大陸との交易・交流を行っていたことを如実に示すきわめて重要な遺構である。しかし、一九九六年度の調査は圃場整備にともなうものであることから、調査面積が限られており、船着き場跡の形状・規模や河川などの周辺の状況が明確でなかった。このことから、船着き場跡全体の状況についての詳細な内容を確認することを目的として、二〇〇五（平成十七）年度から二〇〇七（平成十九）年度の三カ年で範囲確認調査を実施した。

この再調査では、船着き場跡付近のトレンチ掘りによる発掘調査とボーリング探査によって、船着き場跡本体と周辺の旧河道の状況確認を行った。調査の結果、船着き場跡は、約三五〜四〇メートルの川幅の河川に、西側に丸く張り出していた台地部分を、幅約六〜九メートルの水路で東側と南側を逆L字形に掘削して区切って船着き場本体を造成し、さらに長さ約一五メートルの二本の突堤部分を付け足して船着き場としていることが判明した。船着き場

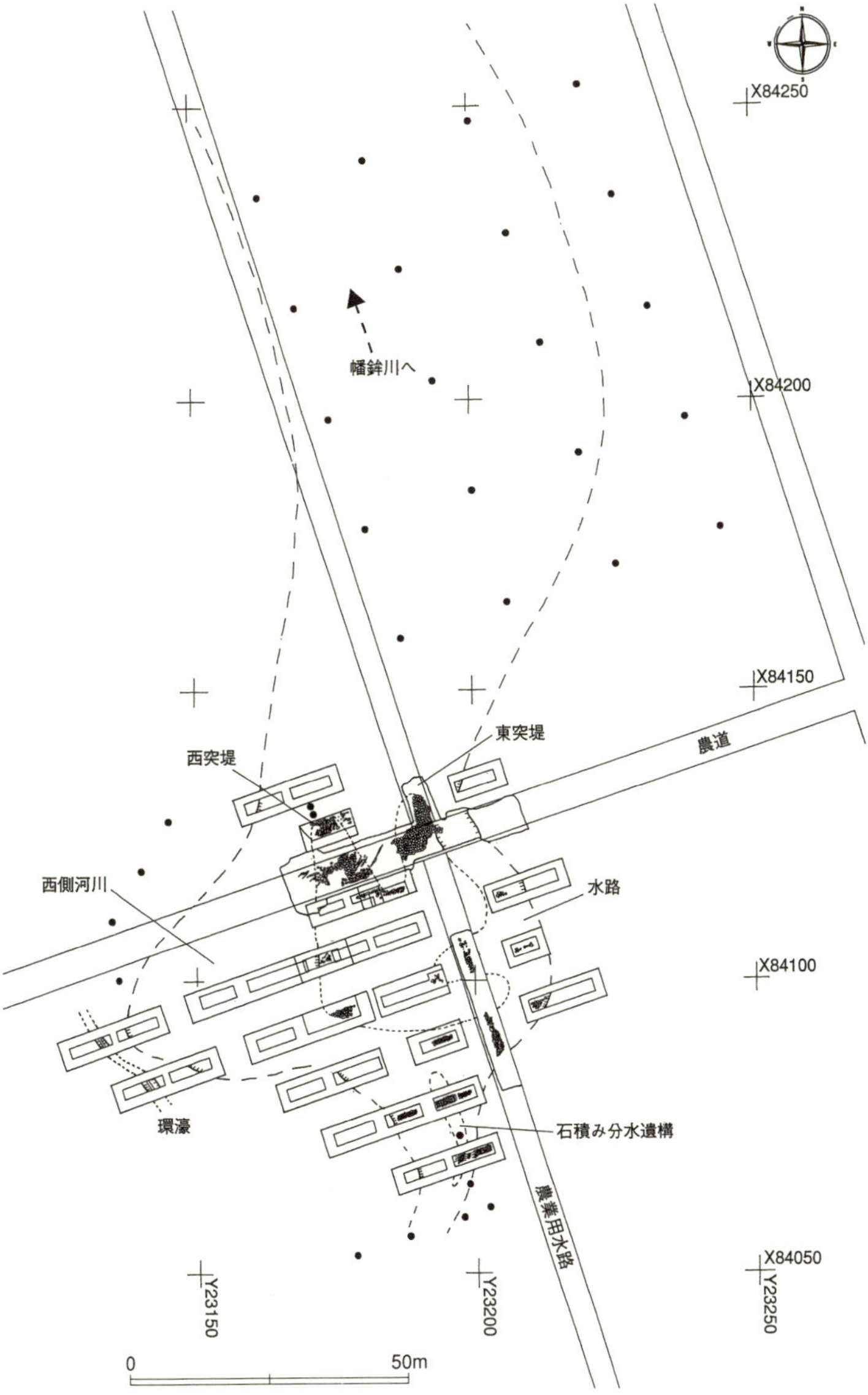


図33　船着き場跡復元推定図

跡は、南北（北端の二本の突堤先端から南端の水路北側の石組まで）の長さが約四〇メートル、東西（東端の水路西壁から西端の石組まで）の長さが約三〇メートルの規模をもつ大掛かりな施設であり、河川のなかに出島状に存在することが明らかになった。

また、船着き場本体の南側には、船着き場を区切る水路へ水を導くため、あるいは河川の流れを調整する機能が推測される石積み分水遺構が検出された。二〇〇七（平成十九）年度の調査では、船着き場本体がある河道西側に、南北方向にのびる濠が新たに発見され、船着き場を護るとともに、集落西側の境域を示す可能性をもっている。この濠は、土層の堆積状況から、船着き場と一体的に掘削されたもので、弥生後期初頭の再掘削が行われずに、船着き場跡の移転にともなって埋まっていったことが考えられる。

このように、二〇〇五（平成十七）～二〇〇七（平成十九）年度の三カ年の調査によって、船着き場跡の全体的な規模・構造とその周辺の状況が明らかになった。

## （三）船着き場跡使用の上限と下限

一九九六（平成八）年度調査において西突堤の盛土から出土した土器は、弥生中期前葉の須玖Ⅰ式古段階の資料であり、船着き場の上限が中期前葉まで上ることを示している。

二〇〇五（平成十七）年度以降の調査においては、水路下底面から須玖Ⅰ式古段階、須玖Ⅰ式新段階、須玖Ⅱ式古段階の甕が出土しており、弥生中期前葉から中期後葉期の資料である。船着き場周辺の河道からは、須玖Ⅰ式新段階の甕、須玖Ⅱ式新段階の広口壺と後期初頭～前葉段階の甕胴部片が出土している。船着き場および周辺出土の遺物は少ないが、これらのデータから水路が弥生中

**図34**　船着き場の想像復元模型

期後葉まで機能しており、河道が後期初頭～前葉頃まで機能していたことが推測される。

これらのことから、船着き場は、弥生中期前葉に集落の第一次整備にともなって一体的に整備されたと考えられ、船着き場周辺から弥生中期前葉～中期後葉頃の遺物が出土していることから、中期後葉までは充分に機能していたが、弥生後期に入ると機能が弱まっていたとみられる。

台地北西部低地の不條地区では、弥生前期後葉から開始された低地での居住が弥生後期初頭頃に放棄され、濠が新たに掘削されて、低地部分での土地利用の再編が行われていることが判明している。この事象を原の辻遺跡での大きな転換点とみれば、弥生後期初頭頃には船着き場跡は機能を停止して新たな場所へ移設されたことが推測され、この不條地区にあったと想定される「市」も、それと同時に移動したのではないかと考えられる。

## （四）船着き場跡の性格

船着き場のある地点は、内海という湾に注ぐ幡鉾川河口から約一・八キ《キ》ロ《ロ》ほど上流にあるところから、内海湾に停泊した大型の外洋船から小型の川舟に人と物資を乗り換えて船着き場まで運んだことが推測される。したがって、この船着き場は河岸の荷揚場であって、付近には倉が立ち並び、「市」が開かれるにぎやかな状況が想像される。先に述べたように、船着き場から約一〇〇～二〇〇メートル《メートル》ほど北方の低地一帯（不條地区）では、朝鮮半島系の土器が一〇〇点以上集中出土しており、朝鮮半島系の人びとが弥生人と雑居していたと考えられている。一九九七（平成九）年度には、不條地区の旧河道から弥生中期の高床建物の床大引き材が出土しているが、これも大陸系統の建築技術を示す資料であり、船着き場跡の築造には、このような大陸から来島した先端技術をもった技術者が直接的にかかわったことが考えられる。

ここで船着き場跡の性格を考えると、以下の三点を特記することができよう。

①単体で整備されたのではなく、「原の辻大集落」としての環濠集落の整備という大事業のなかで一体的に整備されたこと。

②南北約四〇メートル《メートル》、東西約三〇メートル《メートル》の規模は、河岸の荷揚場としては大きすぎること。

③船着き場本体を水路で区切ることによって島状に独立させており、さらに河道西側に確認された濠は特別な空間である船着き場を護り、区画する目的があったこと。

かつて筆者は二〇〇一（平成十三）年の拙稿において、「河岸としては大げさすぎる規模をもっており、クニあるいはクニグニの使節を迎えるなどのセレモニーを演出するために特別に造られた施設ではないか」と指摘したことがある。再調査によって判明した全体の状況からは、船着き場遺構が物資の荷揚場としての機能だけでなく、むしろ異国の使節や商人らを迎え入れる際に一支国としての威厳を示し、歓迎の儀式（祭祀）を演出するための特別な施設であった可能性が高まったといえよう。

また、そこで行われる儀式については、たんなる歓迎のセレモニーだけでなく、使節とともに異域からもたらされる邪気と悪霊を払うための「避《へき》邪《じゃ》」のマツリもかねていたことも想像される。河岸の荷揚場としての経済的な側面だけでなく、一支国に入国するにあたって執り行われたであろう精神的な儀式を行う特殊な空間・場としての位置づけが想定されるのである。

### （五）川舟の碇石と石積み護岸遺構

原の辻遺跡では、刳舟と推定される川舟や、外洋の大型船の船材およびその転用品などはまだ発見されていない。船関係の遺物は、一九九九（平成十一）年に台地西側（八反地区）の緊急雇用調査で出土した舟形木製品（図35）と、一九九五～九六（平成七～八）年度の幡鉾川改修にともなう調査で一四点出土した碇石（図36）がある。舟形木製品は、外洋の航海にかかわる祭祀に使用された可能性が高い遺物と推定され、外洋船の面影が偲ばれる資料である。碇石は、地元の玄武岩の扁平な亜角礫を用いて、両側がくびれたように打ち欠かれ、木製の碇に錘として取り付けたもので、八・一～一八・六キロの重量をもち、船着き場まで往来していた川舟の存在を傍証している。

また、船着き場跡に関連する遺構として、二〇〇三（平成十五）年度に、台地北西部低地の不條地区の河道において石積み護岸遺構が発見されている。遺跡のある台地西側縁辺を北側に向かって

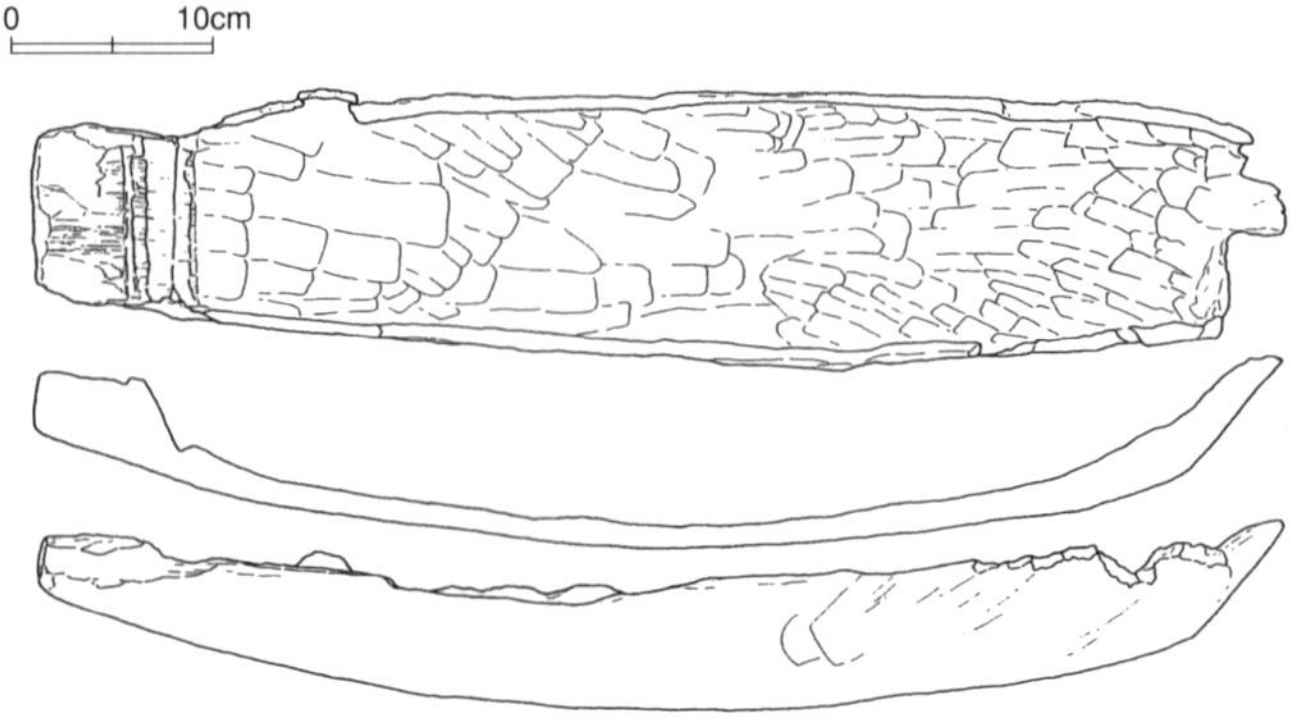


**図35**　舟形木製品

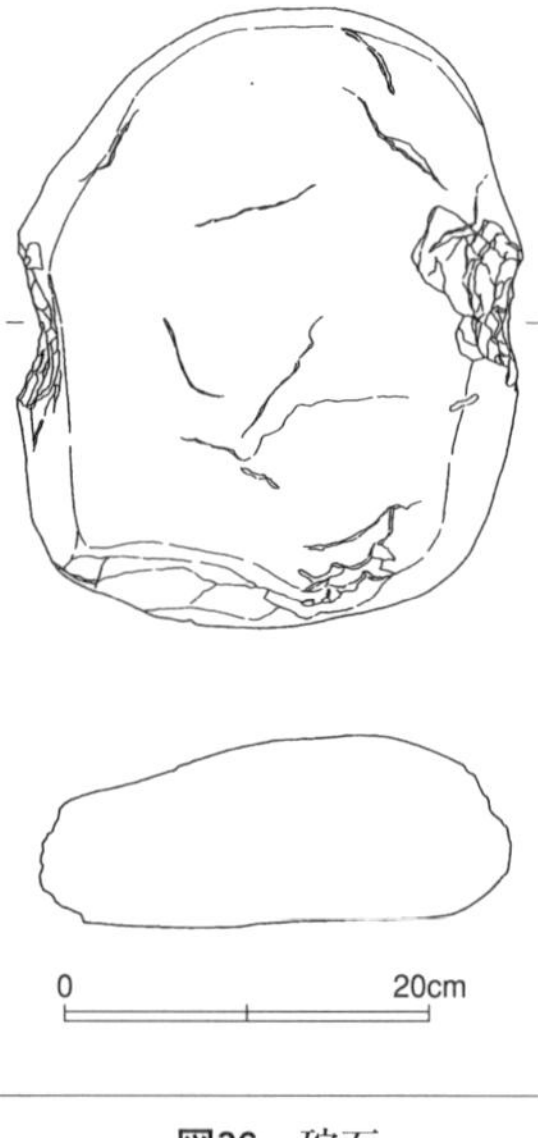


**図36**　碇石

流れる旧河道の東岸に沿って、約四〇《メートル》の長さにわたって石積みが構築されており、玄武岩の角礫を縁辺から投げ込んで石積みを行った「捨て石護岸」と考えられている。この遺構の時期は、出土遺物などから弥生時代中期後半と考えられている。石積み護岸遺構は、構築に当たって、「敷粗朶工法」の使用は認められなかったが、船着き場跡の突堤などのように石積みを行うなど、大陸系の土木技術工法の関連がうかがえる。この石積み護岸は、河川の岸辺を保全するための施設と考えられる。その内側の空間には、交流・交易に関係した何らかの重要な施設が存在していたのではないかとも想像されるが、今のところは明確でなく、今後の調査によって明らかになっていくことが期待される。

## 2　祭儀場について

台地の中央部（原地区）は、最も高いところが標高一八メートルの尾根状の丘になっている。この高台上部は、南北方向を向き、長さが約九〇メートル、幅約二〇メートルで中央がくびれた前方後円形をなしているが、二〇〇三（平成十五）年度の調査で、この思わせぶりな形状は周囲を後世に削られてできあがったことが判明した。

一九九四（平成六）年度と一九九五（平成七）年度の調査で、古墳前期の竪穴住居跡二棟、掘立柱建物、柱穴群、東西方向の区画濠二条が検出された。ここで検出された遺構について、建築史の宮本長二郎は、「低丘陵頂部全体を板塀で囲った祭場があり、その北部に小型高床祭殿、中央に高床主祭殿と平屋脇殿が棟を揃えて直列する」状況を推定し、小型高床祭殿二棟を復元して、三棟の高床建物をひとつのセットとする六時期の変遷を想定した。

中央の高床主祭殿は、一間×二間の梁行四・二メートル、桁行五メートルを測る。南側の平屋脇殿は、一間×四間の梁行四・三メートル、桁行六・二メートルを測る。北側の二号竪穴住居跡は、長辺七・三メートル、短辺六メートルの方形の大型住居で、ベット状遺構をもつ。南側の一号竪穴住居跡は、長辺四・三メートル、短辺三・四メートルの隅丸長方形で、ベット状遺構をもつ。この一号住居跡は、平屋脇殿の柱穴を切ってつくられている。一号住居跡・二号住居跡からは、寺澤薫の布留1式に相当する久住猛雄編年のⅡc期の土師器が出土している。したがって、平屋脇殿とセットとなる高床主祭殿は、二棟の住居跡より以前に機能していた建物群ということになる。

二〇〇四（平成十六）年度には、祭儀場南端にある二条の区画濠のうち、南側の一号濠が弥生後期段階に途切れて、周溝状遺構が存在することが明らかになった。周溝状遺構は、平面形が隅丸長形をなし、外辺が南北八・五メートル、東西七・二メートルを測り、断面は逆台形状で、幅一・五〜三・二メートルの溝が隅丸方形状に巡っている。周溝内からは、壺を中心とした土器が多く出土し（図38）、鉄剣、

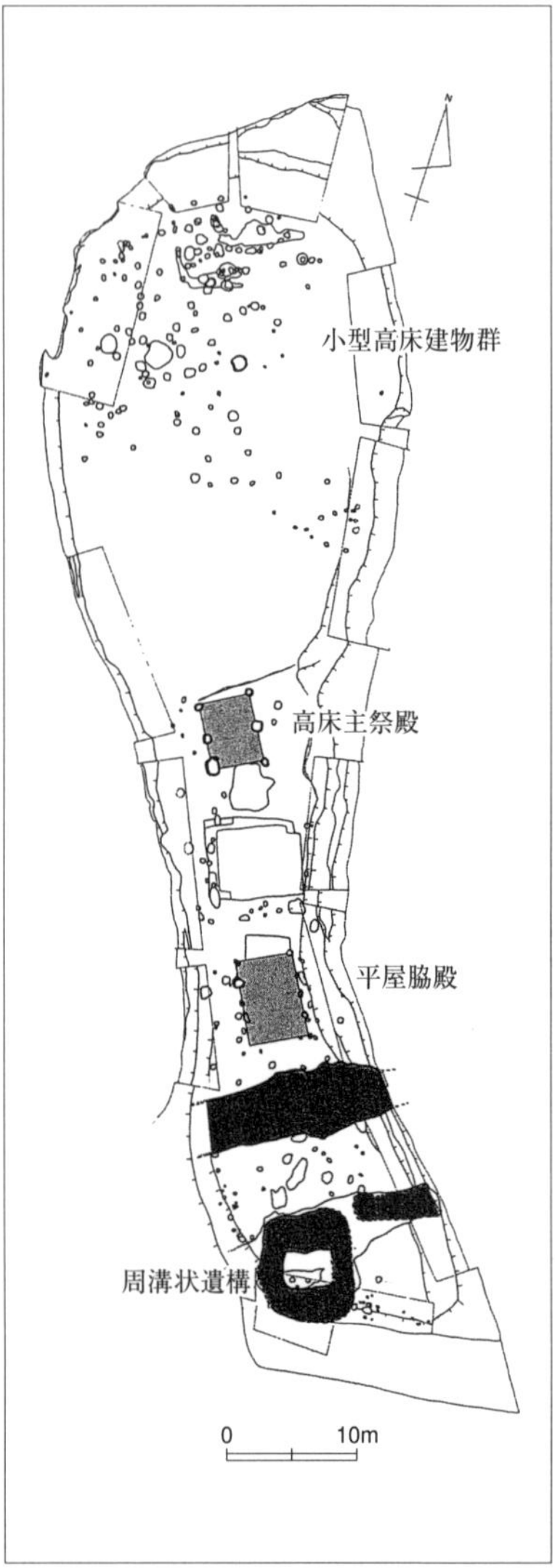


**図37**　祭儀場跡

1

2

3

**図38**　祭祀に使われた土器　1：器台、2：双注口台付壺、3：袋状口縁壺（1～3すべて不條地区）

鉄鎌、袋状鉄斧が出土した。このことから、周溝状遺構では、鉄器の使用も含めた何らかの祭祀が行われた可能性が考えられる。

この周溝状遺構は、高床主祭殿、平屋脇殿と南北に直列して並んでおり、弥生後期の段階では祭儀施設として構成されていたと推測されている。また、祭儀場の北端の小型高床建物群は、原の辻遺跡整備委員会での検討のなかで、祭祀に使用される道具（祭祀具）を納める建物と、祭祀に使われる供物を納める建物の二棟が想定されている。

以上のような状況から、弥生後期の祭儀場は、北から小型高床建物二棟、高床主祭殿一棟、平屋脇殿一棟、区画濠一条をはさんで周溝状遺構が配置されるという構成であったことが推定される。

さらに、建物の機能と祭祀の様子についても、整備委員会で検討が行われている。平屋脇殿で潔くして身を整えた首長が、高床主祭殿にこもって神を祀り、高床主祭殿北側の広場で神託を住民に伝えるというストーリーが考えられているが、周溝状遺構の祭祀の内容については、今後も検討を行っていく必要がある。

この祭儀場がいつ成立したのかについて、時期を限定することはむずかしい。しかし、高台頂部南端を区切る二条の区画濠が弥生中期前葉の須玖I式古段階に掘削されたことが明らかになっているので、この段階に大集落の整備と一体化した祭殿などの造営が行われ、遺跡中枢の聖なる丘(アクロポリス)として確立されたのではないかと想定される。

### 3 台地中心域の居住の様相

環濠に囲まれた居住域についての計画的な調査は、一九九四(平成六)年度の芦辺町教育委員会による台地北部の高元地区の範囲調査を端緒とする。その後、一九九五(平成七)年度から県教育委員会によって範囲確認調査が実施され、一九九七(平成九)年九月に国指定史跡となったことで、一九九九(平成十一)年度から整備のための発掘調査を地元芦辺町と石田町教育委員会が実施することになり、現在、二〇〇四(平成十六)年三月に町村合併された壱岐市教育委員会が調査を実施している。

環濠に囲まれた高元・原地区での居住域の住居跡については、二〇〇四(平成十六)年度の段階であるが、壱岐市教育委員会の山口優が『原の辻遺跡総集編I』(報告書)のなかで、確認された弥生中期前葉~古墳時代前期前葉の竪穴住居跡は一三四棟とし、住居跡の変遷を追っている。また、主柱跡(ピット)だけが残る壁立式住居や高床建物跡についても、二〇〇三(平成十五)年度の原の辻遺跡整備委員会の資料によれば、宮本長二郎が祭儀場周辺の建物遺構を分析し、竪穴住居跡一〇八棟、壁立式住居六五棟、高床建物三八棟、高床倉庫一八棟、大型建物（切り妻造・寄棟造など）四〇棟が確認されている。なお、この遺構の数は、地区全体を発掘調査したわけではないので、調査範囲が限られた上での棟数である。

　多数の柱穴群から壁立式住居を抽出した宮本委員は、非常に棟数が多いのが原の辻遺跡の特徴として位置づけている。その成果は、中心域の建物整備に活かされており、原の辻遺跡では、通常の弥生集落において復元される建物とは異なり、逆葺の屋根の形状や壁立式住居など、大陸に源流が求められる建物の雰囲気を醸しだす整備が行われている。

　実際に、原の辻遺跡にどのくらいの人が居住していたのかという問題は、非常にむずかしい課題である。大阪府教育委員会の森井貞雄は、大阪府立弥生文化博物館で行われた壱岐と対馬の弥生文化に関する企画展のなかで、集落全体を発掘した数少ない弥生時代中期の環濠集落である横浜市大塚遺跡のデータを基礎にして、原の辻遺跡の環濠に囲まれた約一六ヘクタールの人口を約八〇〇人（一六〇戸）と推定した。これを弥生中期前葉段階の低地居住域の六ヘクタールに当てはめると三〇〇人となり、二つの居住域をあわせると、弥生時代中期には一一〇〇人（二二〇戸）ほどの人が原の辻遺跡に居住していたことになる。

　一支国の食料事情については、『魏志倭人伝』に「やや田地あり田を耕せどなお食するに足らず、また南北に市糴す」という記述がある。原の辻遺跡では、コメとともにムギ、マメ類の種子が出土しているが、石庖丁だけでなく石鎌の出土が目立ち、中央が凹んだ石臼も出土しており、ムギ作も盛んに行われていたことが推定できる。このことに関して、中尾篤志が試みている花粉分析やプラントオパール分析などの科学分析を併用した作物の特定方法と、発掘調査による水田・畑地の耕地面積の確定、それによる作物の生産量の試算ができれば、どのくらいの人口を賄うことができるのかという検証も可能となろう。集落の居住人数についても、住居群の詳細な分析により検証の道筋があると思われるが、原の辻遺跡の居住人口については今後の研究課題としたい。

## 4　墓域について

### (一) 墓域の様相

原の辻遺跡では、台地とその周辺を含めて一一カ所の墓域が確認されている。二〇〇一(平成十三)年、筆者はすでに明らかになっていた高元・石田大原・大川・柏田・原ノ久保A・原ノ久保B・閨繰・鶴田地区の墓域における墓地の変遷を論じたことがあるが、その後の調査によって、原地区、原ノ久保C地区、苣ノ木地区において新たな墓域の発見があった。

このうち、石棺墓・甕棺墓(小児甕棺墓か)の出土した高元地区と、甕棺墓(小児甕棺墓か)が出土したといわれる柏田地区の墓域の実態が明確でない。これを除くと、原の辻遺跡の墓域は、台地に六カ所(原・石田大原・大川・原ノ久保A・原ノ久保C・苣ノ木地区)があり、近接する地域に閨繰地区・鶴田地区・原ノ久保B地区の三カ所があることになる。

台地内にある六カ所の墓域は、原地区を除いて環濠の外側に位置している。原地区では、一九九四(平成六)年度、一九九七(平成九)年度の調査で埋葬施設は確認できなかったが、二〇〇三

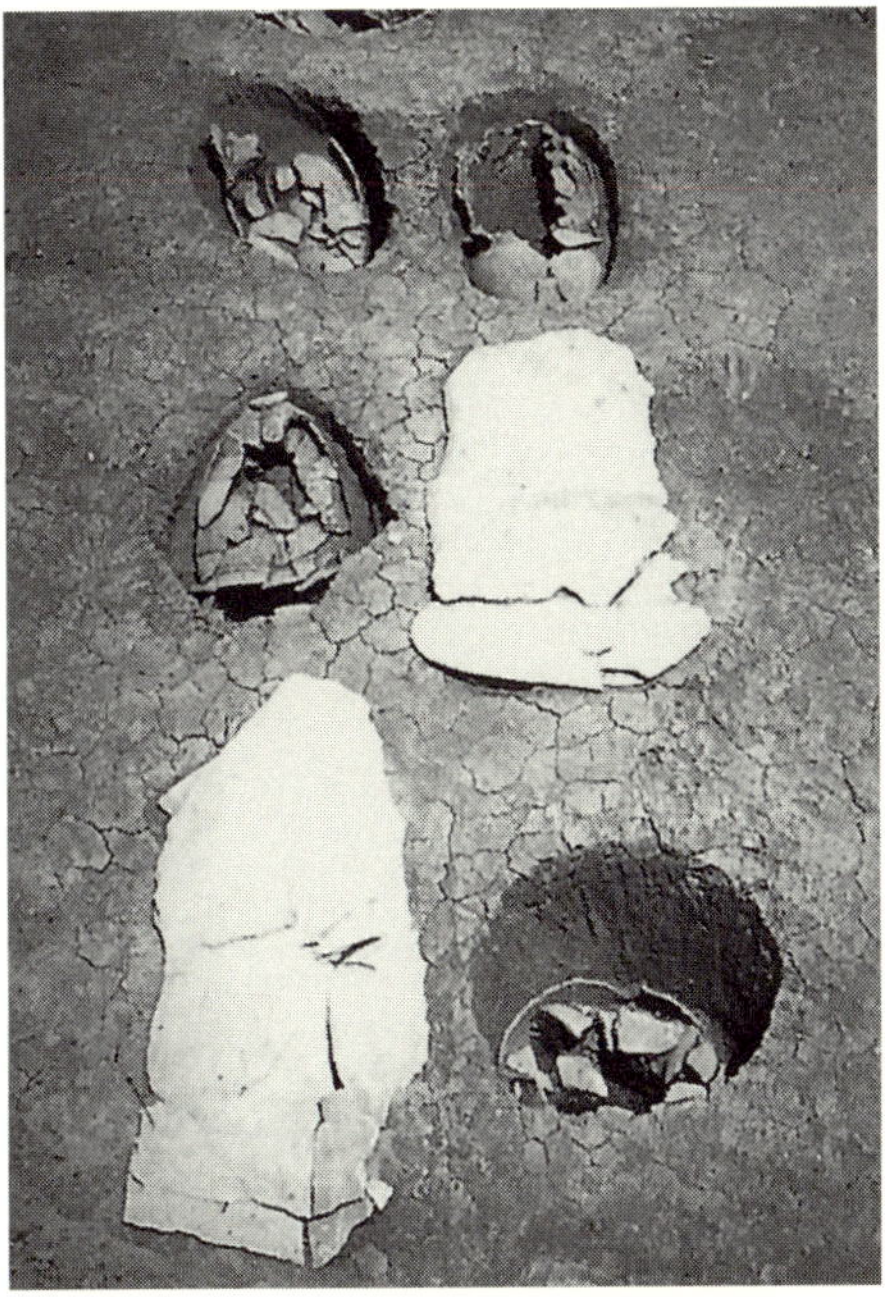

図39　墓域の状況（石田大原地区）

（平成十五）年度の調査で、弥生前期後葉～中期初頭の小児甕棺が検出されている。すなわち原地区の墓域は、時期的に環濠掘削以前の墓域である。

したがって、原の辻遺跡では、環濠を巡らす集落の成立以後、成人墓を中心とする墓域が基本的に環濠の外に営まれたことになる。このことから、環濠は防御的な機能だけでなく、弥生時代の墓制の特徴である居住域と墓域の区別を明確に示す施設、つまり居住域に住んでいる生者と墓域に埋葬された死者の空間を明確に区別する機能をもっていたと考えることができる。

以下、検出された墳墓を墓域ごとに列記する。原地区が小児甕棺墓三基・箱式石棺墓二基・土坑墓八基。石田大原地区が成人甕棺墓一六基・小児甕棺墓五四基・箱式石棺墓二〇基・土坑墓二一基。大川地区が小児甕棺墓一一基・箱式石棺墓七基・土坑墓（木棺墓・石蓋土坑墓）六基。原ノ久保A地区が小児甕棺墓三基・箱式石棺墓一三基・土坑墓六基。原ノ久保B地区が成人甕棺墓二基。原ノ久保C地区が小児甕棺墓一〇基・箱式石棺墓一基・土坑墓二基。苣ノ木地区が小児甕棺墓五基・

**表5**　原の辻遺跡の墓域での墳墓構成

| 地区 | 成人甕棺 | 小児甕棺 | 石棺墓 | 土坑墓 | 合計 |
|---|---|---|---|---|---|
| 原 | 0 | 3 | 2 | 8 | 13 |
| 石田大原 | 16 | 54 | 20 | 21 | 111 |
| 大川 | 0 | 11 | 7 | 6 | 24 |
| 原ノ久保A | 0 | 3 | 13 | 6 | 22 |
| 原ノ久保B | 2 | 0 | 0 | 0 | 2 |
| 原ノ久保C | 0 | 10 | 1 | 2 | 13 |
| 萓ノ木 | 0 | 5 | 1 | 1 | 7 |
| 閨繰 | 0 | 7 | 9 | 11 | 27 |
| 鶴田 | 1 | 11 | 0 | 0 | 12 |
| 合計 | 19 | 104 | 53 | 55 | 231 |

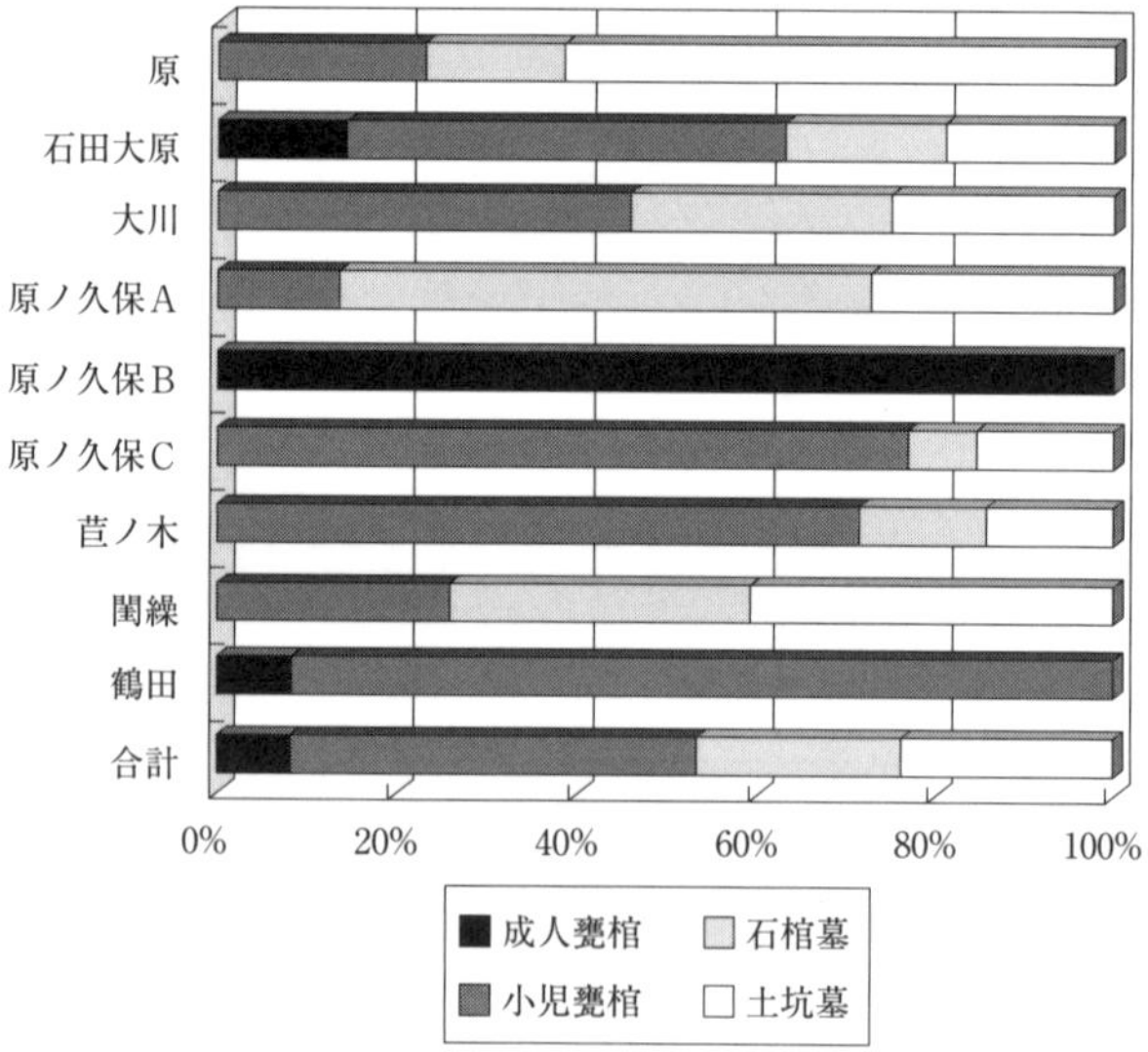


**図40**　墓域での墳墓構成グラフ

箱式石棺墓一基・土坑墓一基。閨繰地区が小児甕棺墓名七基・箱式石棺墓九基・土坑墓一一基。鶴田地区が成人甕棺墓一基・小児甕棺墓一一基となっている。

墳墓の総計は二三一基になるが、種類別構成の割合を出すと、小児甕棺墓一〇四基（四五・〇%）、成人甕棺墓一九基（八・二%）、箱式石棺墓五三基（二二・九%）、土坑墓五五基（二三・八%）となる。小児甕棺墓と小形の石棺墓を除いた成人墳墓一二三基のなかでの構成は、成人甕棺墓（一五・五%）、箱式石棺墓（三九・八%）と土坑墓（四四・七%）となる。したがって、この遺跡での成人墳墓の構成は、箱式石棺墓と土坑墓が合わせて八四・五%を占めており、両者が壱岐のベースとなる墓制といえる。

北部九州系の成人甕棺は、甕棺墓地域で製作され運ばれてきたもので、大形の甕棺は少なく、小形のものが多い。成人甕棺は、墓域のなかでは一部の階層に採用されており、福岡県と佐賀県を中心とする甕棺墓圏の周縁部に位置する長崎県本土部や西北九州地域の墓制と類似し、共通したあり方を示している。

## （二）墓域の変遷①――A群の墓域

原の辻遺跡での墓域の消長は、内容が明確でない高元地区と柏田地区を除いた九カ所の墓域についてみていくと、遺跡開始期の第Ⅰ期の弥生前期後葉～中期初頭段階から形成されたA群（原・閨繰・石田大原地区）と、弥生中期段階（第Ⅱ期）に形成されるB群（大川・原ノ久保A・原ノ久保C・苣ノ木・鶴田地区）、および弥生終末から古墳初期段階（第Ⅳ期）のC群（原ノ久保B地区）の三つのグループに大別できる。

原の辻遺跡において最初に形成されたA群の墓

## 表6　原の辻遺跡の墓域の変遷（高元・柏田地区を除く）

| 墓域＼時期 | 弥生前期 | | 弥生中期 | | | | | 弥生後期 | | | | | 古墳前期 | |
|---|---|---|---|---|---|---|---|---|---|---|---|---|---|---|
| | 後葉 | 末 | 初頭 | 前葉 | 中頃 | 後葉 | 末 | 初頭 | 前葉 | 中頃 | 後葉 | 末 | 初頭 | 前葉 |
| 原 | | | | | | | | | | | | | | |
| 石田大原 | | | | | | | | | | | | | | |
| 大川 | | | | | | | | | | | | | | |
| 原の久保A | | | | | | | | | | | | | | |
| 原の久保B | | | | | | | | | | | | | | |
| 原の久保C | | | | | | | | | | | | | | |
| 苣ノ木 | | | | | | | | | | | | | | |
| 閨繰 | | | | | | | | | | | | | | |
| 鶴田 | | | | | | | | | | | | | | |

域は、原地区と石田大原地区が弥生前期後葉、閨繰地区が弥生前期末頃から形成されている。

台地中央部の原地区では、二〇〇三（平成十五）年度の調査で、小児甕棺墓三基、箱式石棺墓二基、土坑墓八基が検出されている。墓域の時期は、出土した土器から弥生前期後葉～中期前葉まででであり、台地北側の高元地区にあった居住域の人びとの墓域であったことが考えられる。弥生中期前半の須玖Ⅰ式段階には環濠が掘削されて原の辻大集落が成立するが、それ以前に形成されており、大集落への転換にともなう整備によって墓域としての役割を終え、環濠の外側に移されたことが推測される。

台地北部の低地にある閨繰地区は、一九五六（昭和三十一）年に東亜考古学会によって調査が行われたが、正式の報告書が刊行されていないので詳細な内容が明らかでない。当時の新聞記事では、箱式石棺墓一四基、甕棺墓一〇基余りが検出され、管玉四点が出土したといわれている。一九九五（平成七）年度と一九九八（平成十）年度の圃場整備にともなう調査では、箱式石棺墓九基、土坑墓一一基、小児甕棺墓七基が検出された。そのうち水路にかかる石蓋土坑墓一基と小児甕棺墓一基の発掘調査が行われ、他は盛土によって保存された。墓域の時期は、弥生前期末頃に開始されており、台地北部の閨繰（安国寺前A）地区と川原畑地区の低地に居住した集団によって形成された墓地と考えられ、副葬品と考えられる弥生後期初頭期の小壺が出土しているところから、この段階まで継続したことが推測される。

石田大原地区は、原池から北側に幅狭の谷間状にのびた幅約四〇メートルの低地によって隔てられ、居住域の原地区から東側の台地に位置する。一九五四（昭和二十九）年には、圃場整備の工事にともなって細形銅剣二本、細形銅矛一本が出土したことが地元新聞の記事に記録されている。

一九七四（昭和四十九）年の調査では、甕棺墓四二基（小児甕棺墓二九基、成人甕棺墓一三基）、箱式石棺墓一八基、石蓋土坑墓一基、合計六一基の墳墓と四条の溝が検出された。副葬品は、甕棺墓一四基、箱式石棺墓五基の合計一九基の墳墓から出土しており、六一基の墳墓のうち三一・一%の墳墓から出土したことになる。

出土した遺物は、トンボ玉四点、中国式銅剣一本、鉄製品一点、天河石製勾玉一点、天河石製臼玉二点、硬玉製勾玉一点、硬玉製丸玉一点、ガラス小玉一点、鉄製ヤリガンナ一点、刀子一点のほか、緑色凝灰岩・碧玉製の管玉が九基の甕棺墓から四六点と五基の箱式石棺墓から一四点、合計六〇点が出土している。この地点の墳墓は、弥生前期後葉～中期前葉を主体としているが、下ガメに丹塗壺を使用して捕鯨の様子を線刻で描いた二三号甕棺墓は中期後葉の甕＋甕＋壺の三連棺であり、鉄製ヤリガンナ、刀子が副葬されていた。

二〇〇一（平成十三）年度には、整備にともなう調査で、成人甕棺墓二基、小児甕棺墓二一基、箱式石棺墓二基、土坑墓九基、溝一条が検出され、三基の小児甕棺墓からガラス小玉六八点、二基の成人甕棺墓から管玉一五点、一基の箱式石棺墓から硬玉製勾玉二点、管玉八点が出土している。このほかに、弥生土器を含む攪乱土層から、多鈕細文鏡一片、中国鏡一片、細形銅剣九点（五本以上）、銅鏃二五本以上、ガラス小玉五三点、硬玉製垂飾一点、天河石製玉二点などが出土したが、本来は墳墓の副葬品であり、後世に攪乱を受けた資料と考えられる。

多鈕細文鏡は、朝鮮半島で製作された銅鏡で、国内で一一遺跡一二例目の発見であった。中国鏡

**表7**　原の辻遺跡の墓域出土の副葬品

| 墓　域 | 調査発見年 | 副　　葬　　品 |
|---|---|---|
| 石田大原 | 1954<br>1976<br><br>2001 | 細形銅剣2、細形銅矛1<br>戦国式銅剣、鉄製鉇・刀子、硬玉製勾玉、管玉、トンボ玉4、ガラス小玉<br>多鈕細文鏡片、虺龍文鏡片、細形銅剣、銅鏃 |
| 大　　川 | 1974<br><br>1995 | 円圏文規矩鏡、銘帯鏡片、内行花文鏡片、鉄製鉇2、有鉤銅釧3、ガラス勾玉、ガラス小玉<br>円圏文規矩鏡片、内行花文鏡片、鉄製剣・矛・鉇・鎌・鋤先、硬玉製勾玉、管玉、ガラス小玉 |
| 原ノ久保A | 1974<br>1996 | 獣帯鏡片採集<br>長宜子孫銘内行花文鏡、小型仿製鏡、筒型不明青銅器、鉄製鎌・鋤先、管玉、硬玉製勾玉、ガラス勾玉、ガラス丸玉・小玉 |
| 原ノ久保B | 1977 | ガラス小玉 |
| 原ノ久保C | 2000 | ガラス小玉 |
| 苣ノ木 | 2001 | 銅釦・ガラス小玉 |
| 閨　　繰 | 1954 | 管玉 |

は、前漢から王莽の新代に製作された虺龍文鏡の可能性がある。銅鏃は弥生中期後半から後期にかけて国内で製作されたもので、形態的な特徴から弥生中期に所属する可能性が高く、水銀朱の付着したものが見られた。この出土地点では、弥生前期末〜後期中頃までの墳墓遺構が確認された。

二〇〇四（平成十六）年度の調査では、成人甕棺墓一基、小児甕棺墓四基、土坑墓一一基と周溝が確認され、二基の土坑墓にそれぞれ細形銅剣一本、小形壺が副葬されていた。この地点は、弥生中期初頭を中心とする時期の墳墓が確認された。

石田大原地区の調査で判明している墳墓の構成を総合するとその内訳は、小児甕棺墓五四基（四八・六%）、成人甕棺墓一六基（一四・四%）、箱式石棺墓二〇基（一八・〇%）、土坑墓二一基（一八・九%）という構成である。小児墓と成人墓の割合は、小児甕棺墓五四基と小形石棺墓四基の五八基で五二・二％、成人墓が五三基で四七・八％となっており、半数以上を子どもの墓が占めている。また、壱岐は箱式石棺墓と土坑墓が墓制のベースになっているが、成人墓のなかで成人甕棺墓は一五・五％を占め、他の墓域に比較していちじるしく高いことが指摘できる。

副葬品においても、桁はずれた内容をもっている。墓域は弥生後期中頃まで継続しているが、弥生前期後葉のガラス小玉、弥生前期末～中期前葉の勾玉・管玉・臼玉、弥生中期初頭のトンボ玉、弥生中期前葉の中国式銅剣、その他、多鈕細文鏡、細形銅剣・銅矛などの副葬品も弥生前期末～中期前葉の墳墓に副葬されていたと考えられる資料である。このなかで、トンボ玉は紀元前一〇八年の楽浪郡設置以前の中国系文物であり、入手経路などについて興味深い資料である。

これらのことから石田大原地区は、弥生前期末～中期前葉段階、原の辻遺跡における最初の首長クラスの有力者の墳墓が営まれた特定集団墓の墓域であったと位置づけられる。また、副葬品を集中してもっている三五一番地の弥生前期後葉～中期前葉段階の墳墓群は北西～南東の方向を向いており、四条の溝も二条が同様の方向を向き、ほか二条が直交した方向性をもっていることから、溝は甕棺墓や石棺墓の墳墓群を区切り、墳丘墓や区画墓の溝として存在した可能性が高い。

## （三）墓域の変遷②――B群の墓域

B群の墓域のなかでは、主力な墓域として大川地区があげられる。台地西部に位置し、石田大原地区の南西約一五〇メートル《メートル》の台地にある。

一九七六（昭和五十一）年度の調査では、小児甕棺墓四基、箱式石棺墓二基、土坑墓二基が検出され、ガラス製勾玉・管玉・ガラス製小玉、鉄製ヤリガンナなどの副葬品が出土している。その後、畑地が深耕されたことで、中国製の銘帯鏡（昭明銘鏡）、円圏文規矩四神鏡、内行花文鏡などの前漢末～王莽の新代と後漢前期の青銅鏡片、国産の有鉤銅釧三点、多数のガラス玉が、壱岐商業高等学校教諭の野本政宏が指導する郷土社会部員によって採集され、有力集団の墓域として注目されることになった。

一九九五（平成七）年度の調査では、小児甕棺墓七基、箱式石棺墓五基、土坑墓三基、石蓋土坑墓一基、土坑七基、溝五条が検出され、小児甕棺墓からガラス小玉・管玉、箱式石棺墓から管玉、土坑墓から鉄剣・鉄鋤先・ヤリガンナ・ガラス小玉、土坑から鉄鋤先・鉄鎌などが出土した。さらに表土層から円圏文規矩鏡片、内行花文鏡片・硬玉製勾玉・ガラス小玉が出土した。

また、二〇〇二（平成十五）年度の調査では、大川墓域から東側の畑地で、大川地区から客土として運ばれたと考えられる土層から、「長宜子孫」銘の内行花文鏡が出土している。

なお、この内行花文鏡は、前漢末～後漢前期のもので、京都大学の岡村秀典によれば漢鏡四期～五期（前一世紀後葉～一世紀中頃から後半）に該当する。また、有鉤銅釧については、大分県教育委員会の高橋徹が弥生中期末から後期初頭に位置づけている。このことから、大川地区は、弥生中期末～後期末にわたって存続しており、中国鏡群と銅釧の年代観から、石田大原地区に後続する弥生中期末～後期前半期の首長クラスの特定集団墓が存在した可能性が高いと思われる。

原ノ久保A地区の墓域は、台地南部に位置し、南北二〇〇メートル、東西一〇〇メートルを超える範囲に展開しているが、いくつかの墓地が複合していることも考えられる。一九七六（昭和五十一）年には後漢鏡の獣帯鏡片が採集されている。

一九九七（平成九）年度の調査では、小児甕棺墓二基、箱式石棺墓一二基、土坑墓（石蓋土坑墓）六基が確認された。箱式石棺墓には国産の小型仿製鏡・硬玉製勾玉・管玉、石蓋土坑墓には鉄鋤先・鉄鎌・ガラス小玉・小形壺・小形鉢が副葬されていた。

また、棺材を抜かれた一二号箱式石棺墓を九号土坑が切っており、その土坑のなかから後漢鏡の「長宜子孫」銘の内行花文鏡、筒形不明青銅器一点、ガラス勾玉一点、ガラス丸玉三点、管玉一点が、弥生後期後葉の下大隈式土器に共伴出土した。この土坑は、後世に掘られ遺物が廃棄された新しい時期のものと推測され、当地区の墓域内のいづれかの場所で掘り出された副葬品を一括してこの土坑に埋め込んだことが想像される。

この内行花文鏡は、面径二〇センチの大形鏡であり、岡村秀典の漢鏡五期の四葉座Ⅳ式に該当し、共伴した下大隈式土器から、弥生後期後葉段階の首長級の墳墓に副葬されていた可能性が高い。また、八号箱式石棺墓から出土した小型仿製鏡は、西南学院大学の高倉洋彰編年の小型仿製鏡Ⅱ型b類であり、弥生後期後半段階の資料である。さらに、一九七六（昭和五十一）年に採集された「居右」銘の後漢鏡の半肉彫式獣帯鏡は、岡村秀典の漢鏡五期に属する資料である。これらのことから、弥生後期後半期においては、原ノ久保A地区に首長クラスの墳墓が存在した可能性が高いと考えられる。

以上のA群とB群の墓域の資料を整理すると、石田大原地区（弥生前期末～弥生中期前葉）→不明（弥生中期後葉～末）→大川地区（後期前半～中頃）→原ノ久保A地区（弥生後期後半）という、〝オサ〟あるいは〝オウ〟階層の特定家族墓

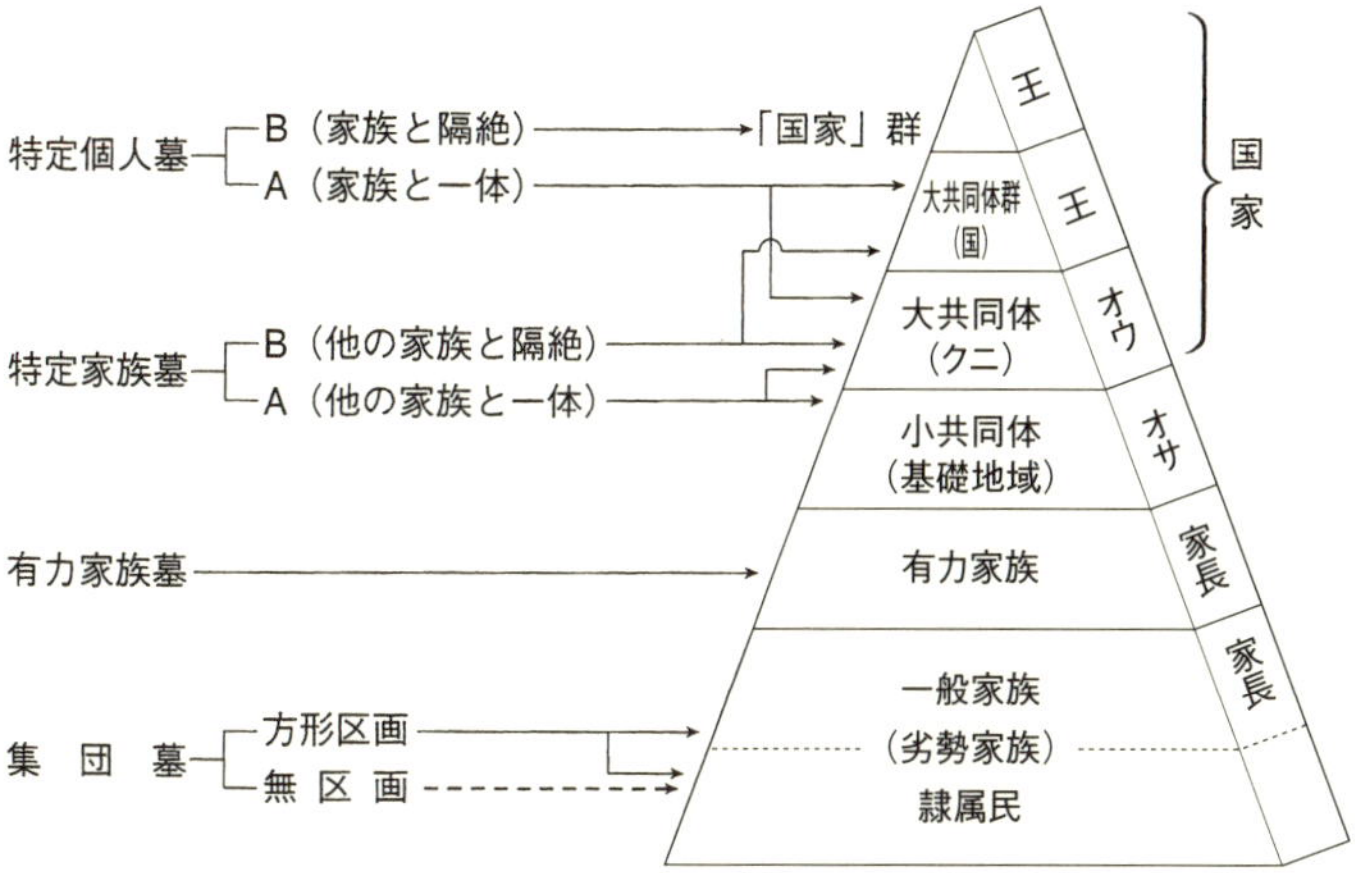


**図41**　墓のランクと首長のランク（寺澤2000）

や特定集団墓の変遷と系譜をたどることができそうである。しかし、弥生中期後葉〜末段階については有力な墳墓がまだ明らかでなく、岡村秀典の漢鏡三期（前一世紀前半〜中頃）の前漢鏡（清白銘鏡など）が出土していないことにも表れている。欠落した部分の歴史的評価を行う上からも、今後の調査成果を見守っていきたい。これらの首長クラスの墓地に、一般の集団墓地が従属した形で原の辻遺跡における墓域が構成され、変遷していったことが考えられる。

### （四）墓域の変遷③—C群の墓域

C群の原ノ久保B地区は、原ノ久保A地区から南へ約一〇〇メートルの位置にあり、小川川によって区切られ隔てられた丘陵上に立地する。

一九七七（昭和五十二）年度の調査で、成人甕棺墓二基が確認された。西新式系の甕棺で、一号甕棺墓は甕と甕であるが、二号甕棺墓は壺と甕で上ガメに壺の下半部を上半部に被せて三重棺的な葬法をなしている。一号甕棺墓からは水晶玉とガラス小玉、二号甕棺墓からは碧玉製管玉とガラス小玉が出土している。

甕棺の型式からみると、弥生終末から古墳初頭期の墓域であったと考えられるが、原の辻遺跡ではこの段階の首長クラスの墳墓はまだ明らかになっていない。また、原の辻集落は四世紀中頃まで継続して存続しているが、古墳前期の墓域についても発見されておらず、手がかりがない状況である。この三世紀後半～四世紀前半段階に存在した首長墓と墓域については今後の課題として残っている。

**（五）首長墓の変遷等について**

以上、墓域の変遷についてみてきた。首長クラスの墓域については、弥生前期末～中期初頭に石田大原地区で成立し、弥生後期前葉～中頃の大川地区、弥生後期後葉～末の原ノ久保A地区への変遷がたどれるが、古墳前期の首長墓の状況がまだ明確になっていない。また、青銅器等の威信財の副葬状況からみると、弥生中期後半～末の「清白」の銘を中心とする前漢中期後半から後期前半の連弧文銘帯鏡群が欠落しており、この段階の特定集団墓や首長墓が明らかになっておらず、これらの二点が課題として残されている。

また、今後の研究では、墓域と居住域の構成を比較検討することによって、原の辻遺跡における社会構成・構造が究明されていくことが考えられる。これらについての今後の調査研究に期待したい。

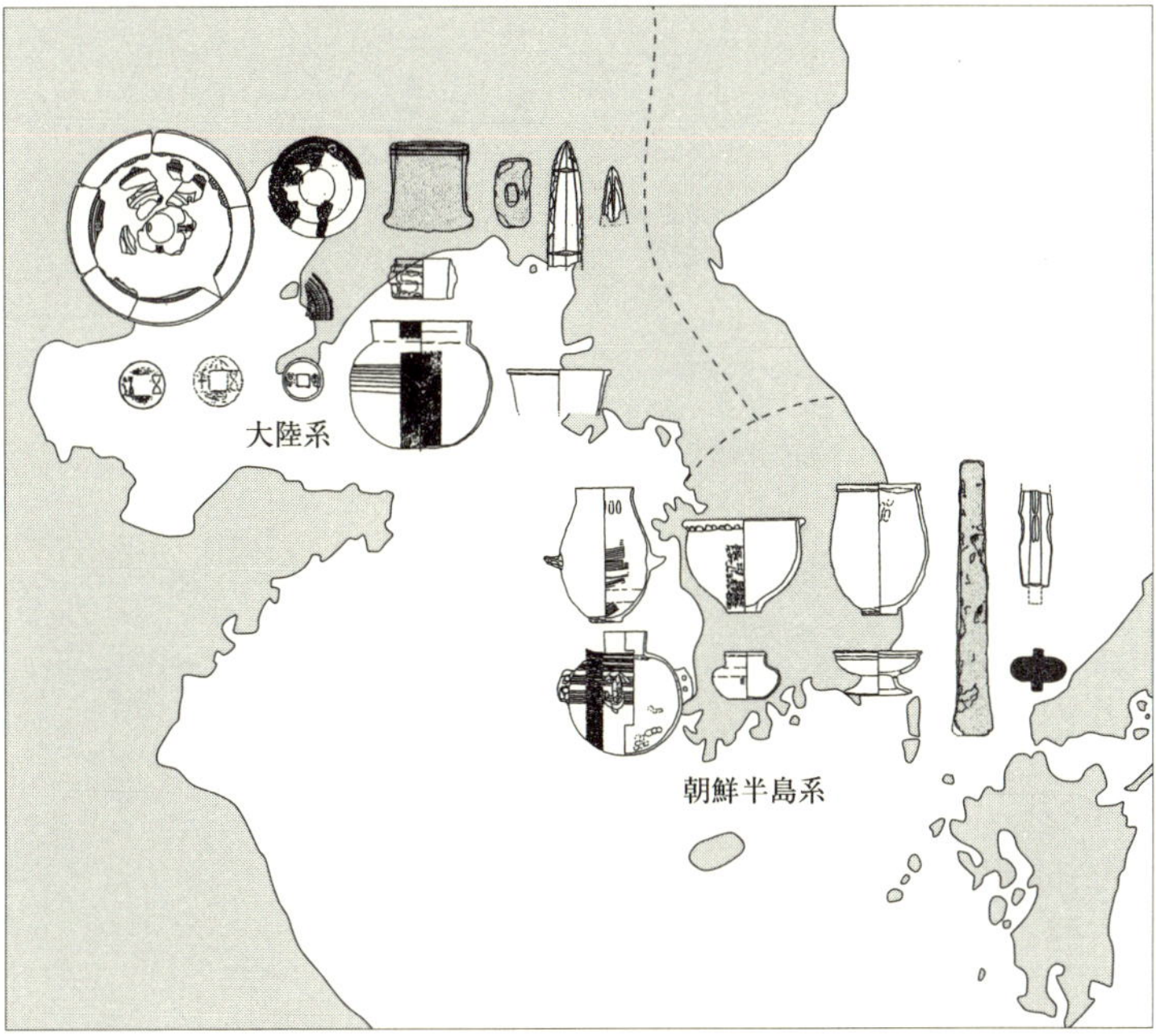


**図42**　原の辻遺跡に渡来した大陸系遺物

## 5　大陸・朝鮮半島系土器と対外交流の実態

原の辻遺跡では、大陸・朝鮮半島との頻繁な交流を如実に物語る資料として、無文土器と擬無紋土器、三韓系土器（三韓系瓦質土器）、陶質土器と中国系の楽浪系土器（楽浪系滑石混入土器・楽浪系瓦質土器）が出土している。これらの大陸・朝鮮半島系土器については、二〇〇四（平成十六）年度の調査において六〇〇点ほどの数量を報告した。弥生時代から古墳時代初期の遺跡としては、その出土量において国内最多出土を誇る。

また、その出土傾向と時期をみると、原の辻遺跡の集落が存続していた、弥生時代前期後葉～古墳時代前期の長期間に間断なく流入

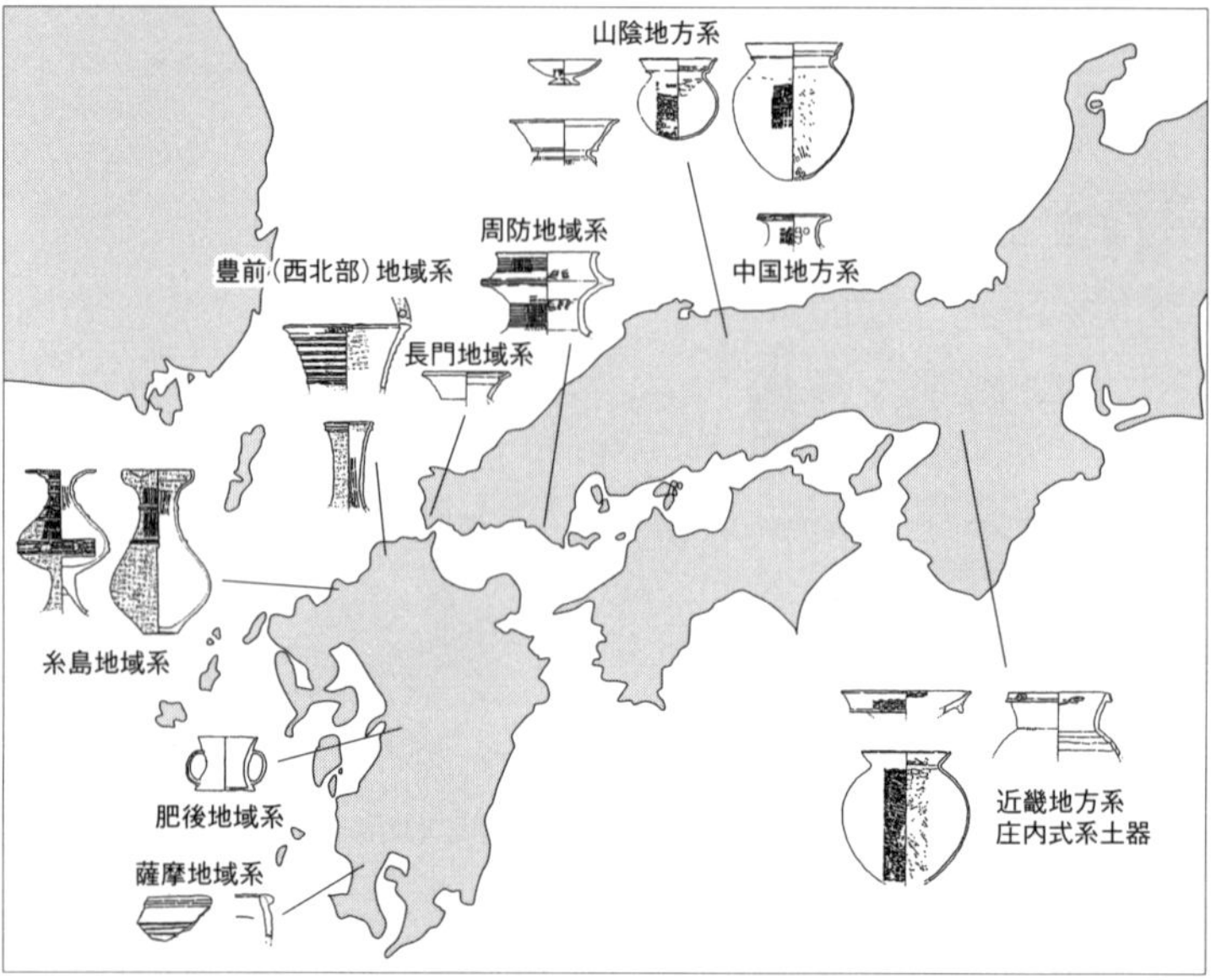


**図43**　日本列島から原の辻遺跡へ運ばれた土器

してきていることが重要である。このことは、原の辻遺跡が存続した期間にわたって、交易の中継基地として継続して対外交渉が行われ、国際的な交易拠点であったことを示していると考えられる。

なお、楽浪系土器については、楽浪・帯方郡の土器ばかりでなく、遼東地域までの中国系土器群を含んでいることが最近の研究で指摘されている。

### （一）弥生前期後葉～中期末（第Ⅰ～Ⅱ期）

原の辻遺跡で出土している無文土器は、朝鮮半島の編年では、後期無文土器段階に相当し、口縁に断面が丸い粘土紐や断面三角形の粘土帯を貼り付けた甕を主体として、牛角状の把手をもつ壺や、鉢・高坏・小形のミニチュア土器をともなっている。

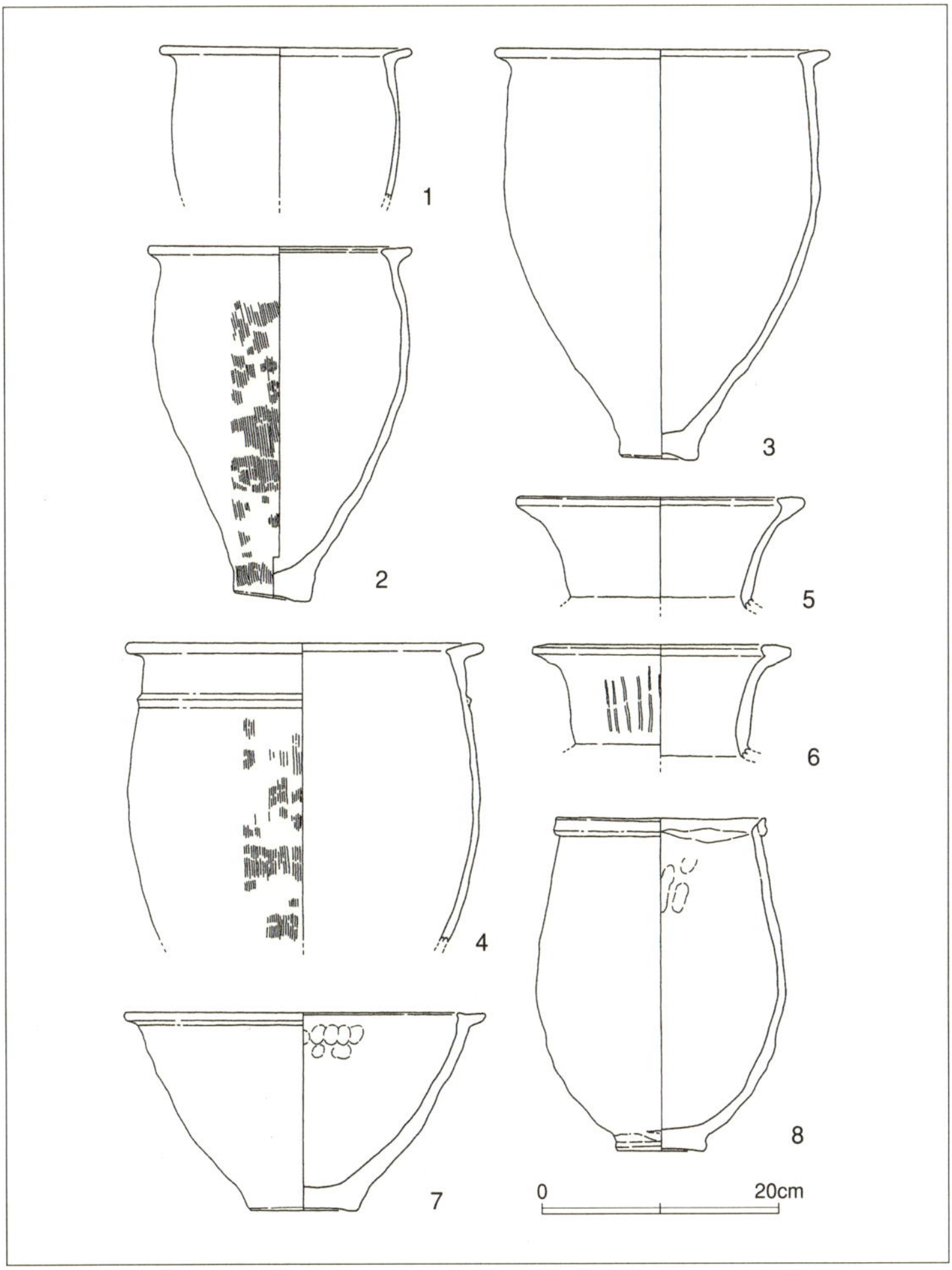


**図44**　無文土器と共伴した弥生土器

**表8**　地区別にみた朝鮮半島系土器の出土点数

| 地区 | 粘土帯系 | 楽浪滑石 | 楽浪瓦質 | 三韓瓦質 | 陶質土器 | 合計 |
|---|---|---|---|---|---|---|
| 閨繰 | 1 | | | | 1 | 2 |
| 川原畑 | 16 | | | | | 16 |
| 芦辺高原 | | | 1 | 1 | 1 | 3 |
| 不條 | 105 | 1 | 7 | 13 | 53 | 179 |
| 八反 | 13 | | 58 | 67 | 19 | 157 |
| 鐙ノ池 | 3 | | | 2 | | 5 |
| 原 | 2 | | 5 | 13 | 33 | 53 |
| 高元 | 1 | | 10 | 10 | 2 | 23 |
| 石田高原 | 16 | 2 | 31 | 97 | 13 | 159 |
| 地区合計 | 157 | 3 | 112 | 203 | 122 | 597 |

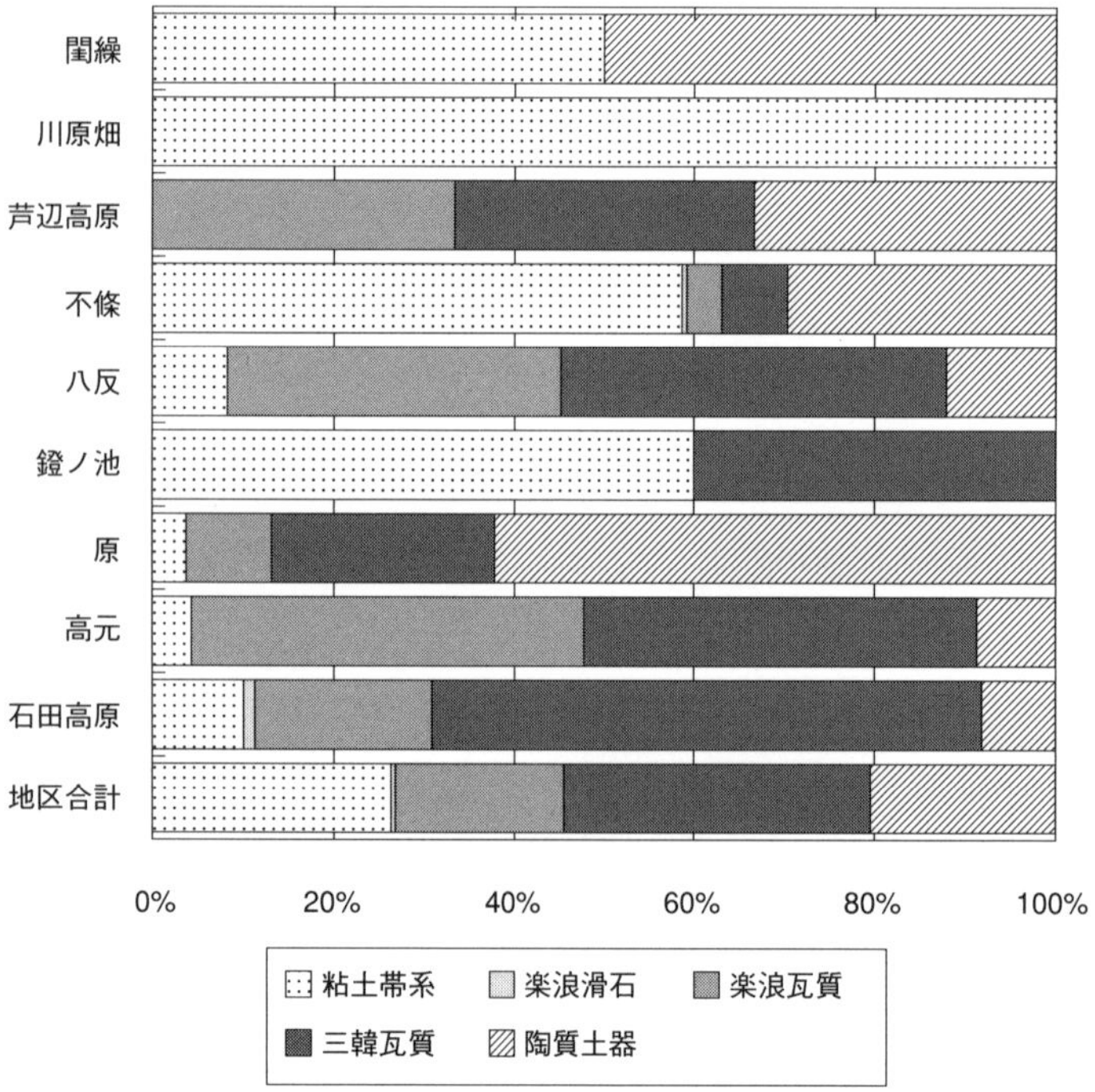


**図45**　地区ごとの朝鮮半島系土器の割合

　ところで、擬無文土器とは、朝鮮半島で無文土器をつくっていた人びとが、日本列島に渡来・移住して、弥生社会に溶け込んでいく過程においてつくられた無文土器系統の土器のことである。擬無文土器については、福岡県小郡市教育委員会の片岡宏二によって、佐賀県小城郡三日月町土生《はぶ》遺跡を例に、丸い粘土紐口縁の甕を主体とする後期無文土器（前半段階）が、擬無文土器として変容していく過程がとらえられている。

　この無文土器・擬無文土器は、一五七点（以下点数については、二〇〇四年までのデータを使用する）出土しているが、台地北西部低地の不條地区にまとまって出土している。不條地区のなかにおいても、二つの旧河道にはさまれた約四〇〇〇平方メートルのエリアにおける出土点数が一〇五点と、とくに集中した分布状況が認められる。

　一九九七（平成九）年度の不條地区の調査では、旧河道の弥生前期末～中期後葉期の土層から高床建物の床大引き材が出土している。また、一九九八（平成十）年度の不條地区の調査では、一六号土坑から弥生中期初頭～前葉段階の土器にともなって、牛角把手付無文土器壺と弩の鏃である三翼鏃が出土している。さらに一号土坑からは弥生中期末の土器にともなって滑石混入の楽浪系土器鉢が出土したほか、弥生後期に掘削された濠のなかに混入したと考えられる前漢の五銖銭も出土している。

　このことは、台地北西部低地の微高地に、朝鮮半島の人びとや日本列島に渡来した子孫たちがまとまって弥生人と雑居し、一種の居留地のような状況であったことをうかがわせる。また、台地北西部から西部にかけての低地では、船着き場跡、石積み護岸、床大引き材などの大陸系の先進的な技術でつくられた遺構や遺物、中国系の三翼鏃や五銖銭などの遺物が発見されていて、朝鮮半島系の人びとが密接にかかわりをもっていたことが考えられる。

船着き場周辺には、物資を納める倉が建ち並び、日用品や交易品を売り買いする賑やかな市場が展開していたことが想像される。不條地区では、石製礎板をもつ柱穴の高床建物、ピット群、土坑が確認されており、そのような状況を推察させる。

朝鮮半島の後期無文土器の水石里式段階には、朝鮮半島から北部九州地域への渡来・移住がなされたが、その背景として、朝鮮半島において政治的変動があったと推測されている。原の辻遺跡は、大陸との対外交渉・交易のネットワークの基地として形成され、朝鮮半島から日本へ渡来する人びとを受け入れる中継地となり、朝鮮半島南部地域との活発な交流が展開されることになった。

## （二）弥生後期〜古墳前期（第Ⅲ〜Ⅴ期）

原の辻遺跡の弥生後期初頭以降の段階において搬入される大陸・朝鮮半島系土器は、楽浪系瓦質土器（一一二点）、三韓系瓦質土器（二〇三点）が中心となってくる。数多く出土している楽浪土器は、海を介して楽浪郡までの長水路の航路がひらかれており、中国系の人びとの往来もあったことを物語っている。この楽浪系土器と三韓系土器は、居住域（原・高元地区）の台地縁辺にあたる八反地区、石田高原地区の環濠や旧河道へ廃棄されたという分布状況がとらえられる。

弥生中期末までの段階においては、無文土器や擬無文土器は煮炊き用の甕を中心とする器種構成であったが、瓦質土器になると貯蔵容器である壺を中心とした構成に変わっている。三韓系土器や楽浪系土器の瓦質土器は、一部の楽浪系土器鉢などの食器類を除けば、貯蔵容器の壺が主体とな

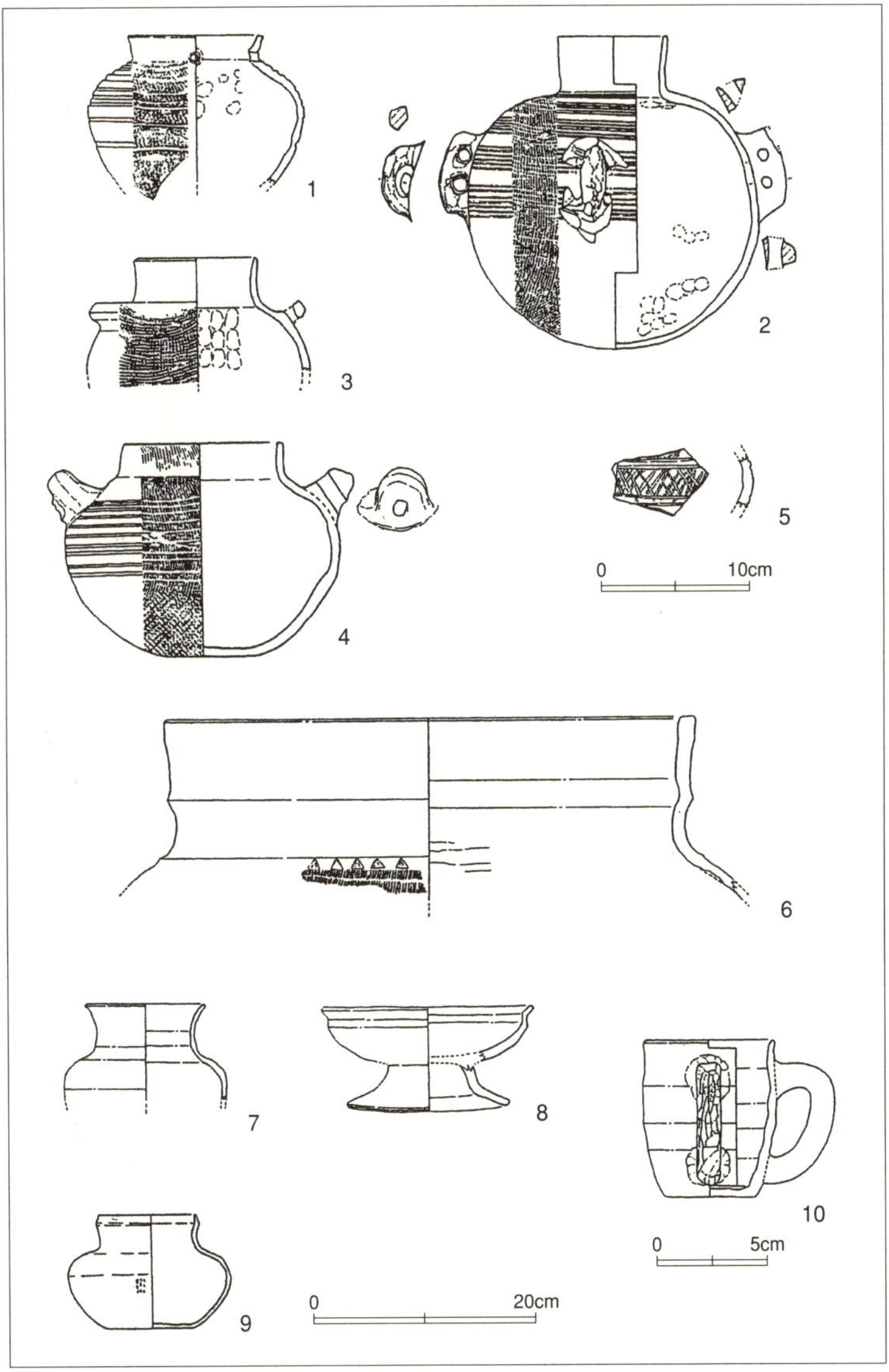


**図46**　三韓系瓦質土器（1～6）、陶質土器（7～10）

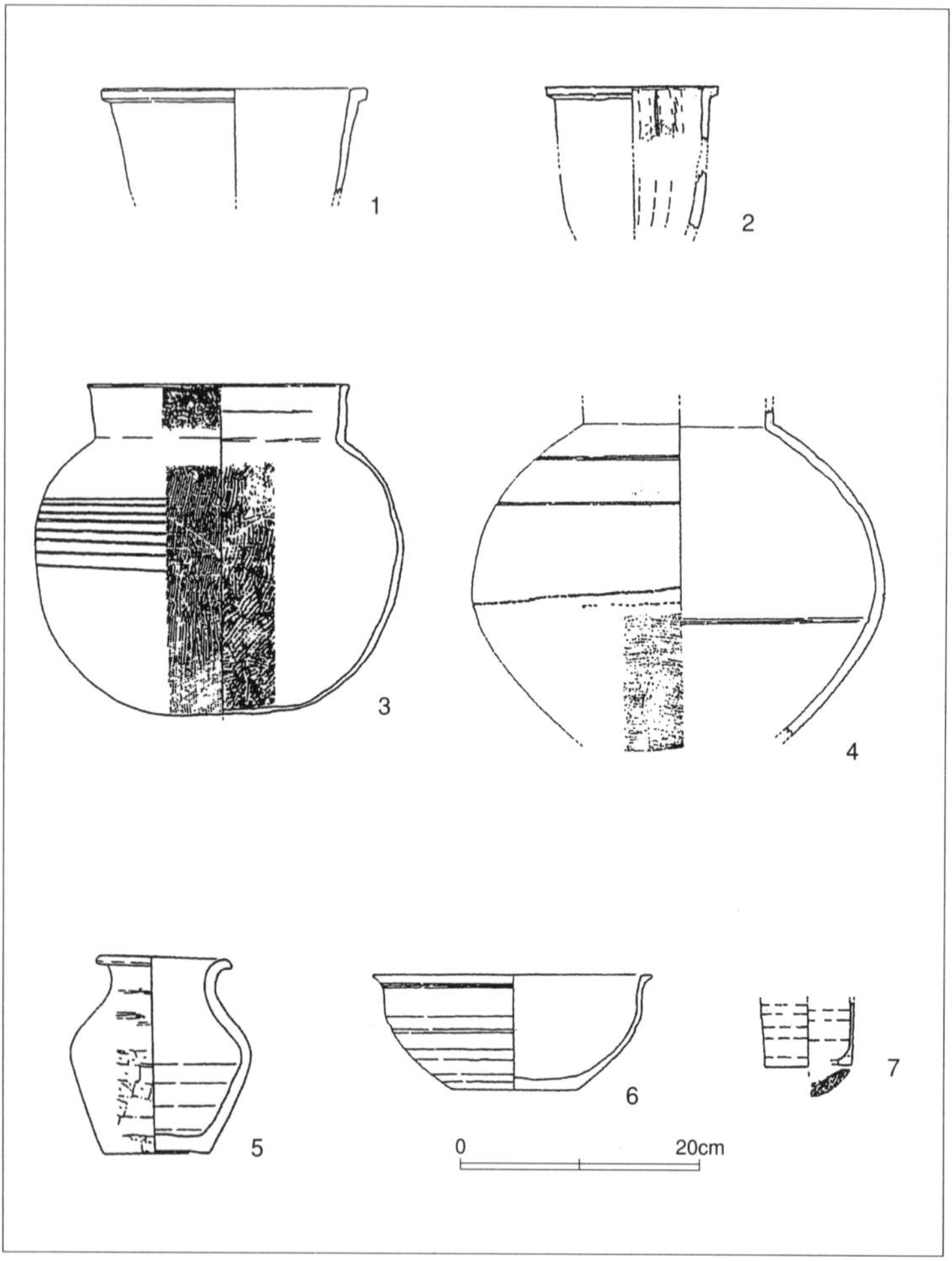


**図47**　楽浪系土器

り、壺は楽浪郡や朝鮮半島から何らかの産物を貯蔵して運搬した外容器（コンテナ）であったことが推測される。

器種構成を見ると、甕が主体を占める無文土器・擬無文土器系の人びとは、自ら鍋・釜・食器を携えてきたことになり、台地北西部の低地の決められた場所に一定期間滞在し、自炊生活を行っていたことが考えられる。一方、朝鮮半島から瓦質土器の壺を運んだ人びとは、煮炊具を残していないので、弥生後期には海を介して遺跡を訪れた交易従事者や使節らに対して、宿舎や食事等を提供して賄うような施設や体制の整備が図られていたことが想像される。

そこには、片岡宏二も述べているように、政治的に未熟で規制の緩かった無文土器系土器段階の交易システムから、瓦質土器の段階になると、「クニ」レベル、あるいは北部九州のクニグニの政治連合体制にもとづいた、管理的な交易へと、対外交渉の変換がなされたことをみてとることができる。

最新の成果では、三韓瓦質土器の炉形土器と馬韓系土器が確認されている。馬韓系土器の出土により、壱岐～対馬～慶尚南道にいたるルートの最も近い加耶地域以外の全羅南道のものが流入していることがわかってきたのである。その評価については、次項で触れてみたい。

古墳前期の段階には、加耶系の陶質土器壺を主体として、遺跡中枢部の原地区（三三点）と台地縁辺にあたる不條地区（五三点）や八反地区（一九点）、石田高原地区（一二点）の低地の濠などへ廃棄された分布状況がとらえられる。器種構成においても壺が主体で把手付鉢・高坏などがともなっている。このことから、この段階においても、瓦質土器段階に確立した管理的な対外交渉体制が維持されていたことが推測され、『魏志倭人伝』に記載された「大倭」とよばれる交易や市を監督する官吏や機関がかかわっていたことも推察される。

## 6　「交易機構」「貿易論」と原の辻遺跡

対馬の歴史研究家である永留久恵は、「人類は他人の物が欲しいとき、それを『奪う』あるいは『盗む』という野生を超克して、『交換』という英知を習得した唯一の動物で、この交換という知恵が『交易』という『文明』を開いたものである」として、「異文化との交渉のない世界に、文明の開化はありえない」と深い見識を述べ、対馬が対外交渉を行い輝いていた時代を語っている。壱岐も対馬とその点は同様であり、原の辻遺跡を中心として輝いていた弥生時代から古墳時代前期の対外交渉の状況をみてみたい。

原の辻遺跡には、朝鮮半島北部の現在のピョンヤン市付近にあった楽浪郡から、中国鏡・貨幣・鋳造鉄斧・鉄鎚・楽浪土器などが遠路運ばれ、長水路の航路が開かれていたことがわかる。朝鮮半島南部地域からは、板状鉄斧や鉄素材が運ばれ、多く出土する無文土器・三韓系土器・陶質土器は、この地域との頻繁な往来と交流を物語っている。一方、日本列島からは、銅釧・銅鋤先・小型仿製鏡などの青銅器や、北部九州系土器を主体として、九州から山陰・瀬戸内・畿内までの西日本一帯の土器が搬入されていて、列島との広域交流と活動範囲を示している。

このように原の辻遺跡は、海を介して、人・モノ・情報が集まる求心力をもった場所であり、「一支国」の国邑として、「港市国家」とでもよぶべき国際的な交流・交易拠点であった。この項で

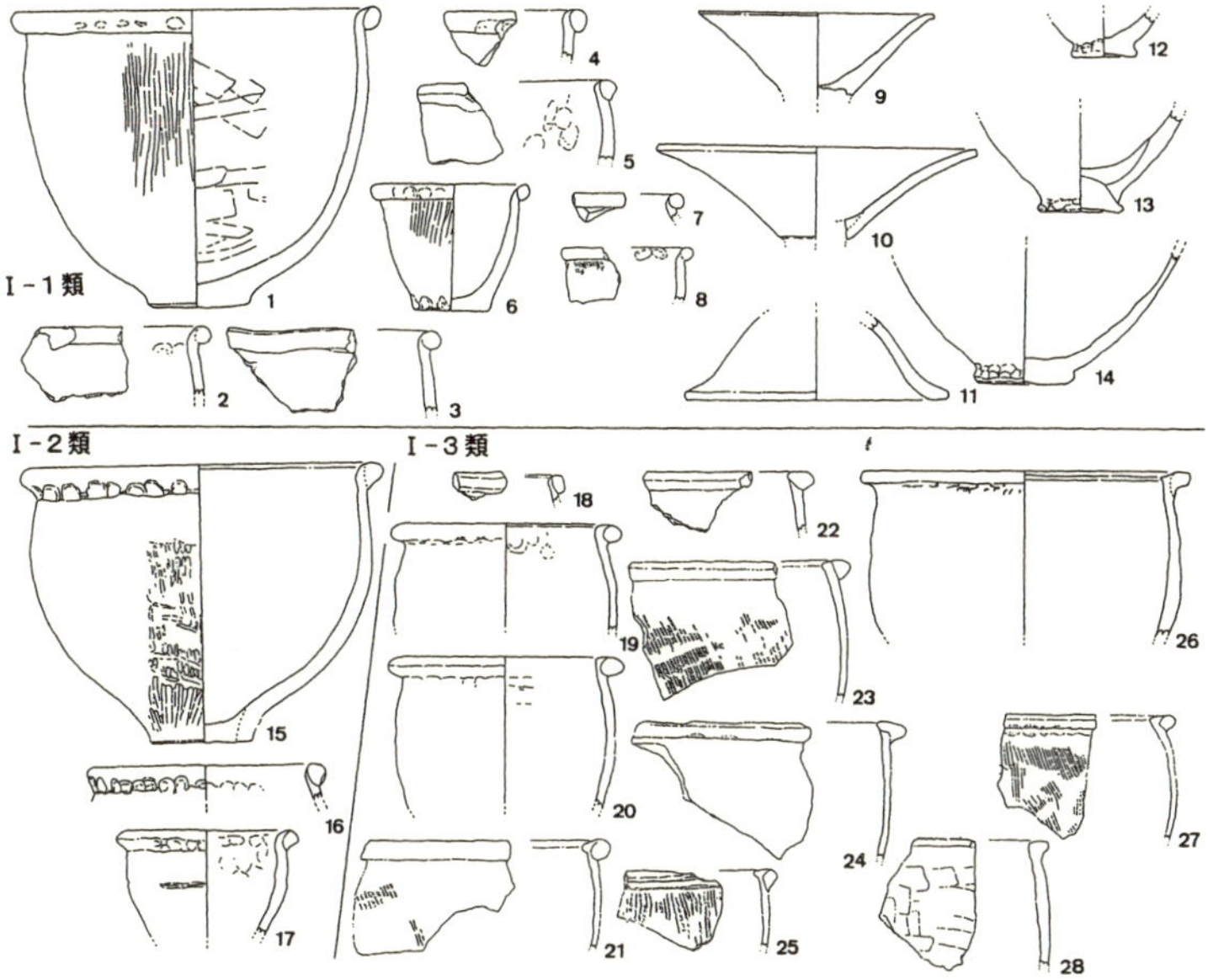


**図48**　無文土器・擬無文土器Ⅰ（片岡2001）

は、朝鮮半島系土器を中心として、原の辻遺跡をめぐる「交易機構」の実態を探っていきたい。

### （一）「交易機構」変遷論

片岡宏二は、原の辻遺跡出土の無文土器・擬無文土器について、図48のⅠ類（「後期前半」無文土器とそれに対応する段階）と図49のⅡ類（「後期後半」無文土器とそれに対応する段階）に分類し、それぞれに擬無文土器が対応することを示した。そのなかでも、弥生時代中期前半〜後半に併行する「後期後半」擬無文土器（図49のⅡ—2・3類）は、国内では原の辻遺跡でのみ出土しており、原の辻遺跡のもつ特殊性を明らかにしている。また、低地には、弥生「前期末前後に渡来した人びとがこの周辺に集住し、そこに継続的に居留地が営まれていたと考え」、「この居留地を当時の交渉の拠点、『港市都市』的性格のもの」と評

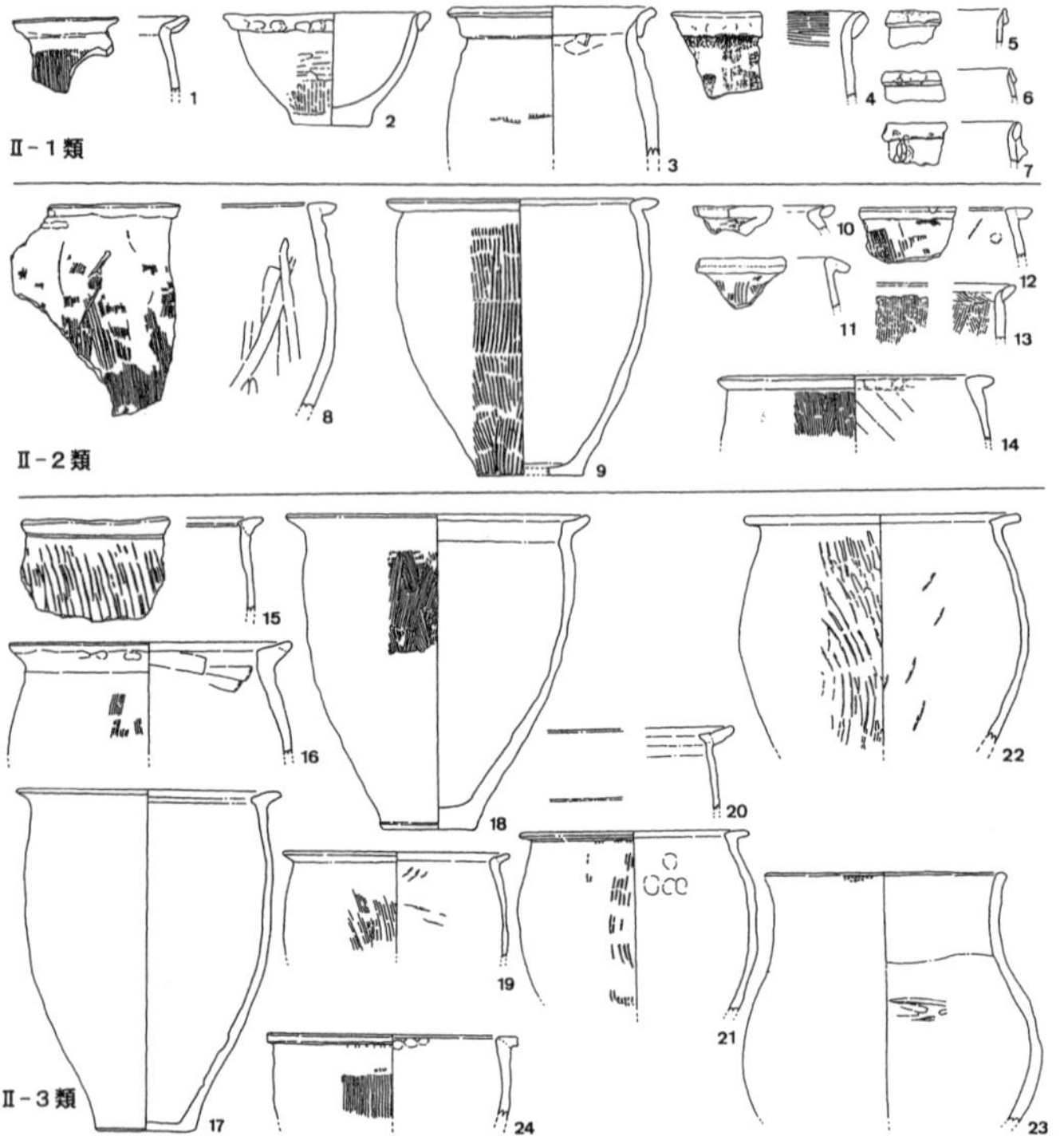


**図49**　無文土器・擬無文土器Ⅱ（片岡2001）

価している。さらに、低地の居住域が「弥生時代中期末〜後期の始まりを境に衰退する」ことから、「対外交渉の実際を担った集団が環濠内にとり込まれたとも考え、その変化を政治的干渉の少ない未熟な経済交渉のレベルからクニ外交を背景とした経済交渉へと変化していったのではないか」と推測している。

白井克也は、朝鮮半島における倭系土器と日本列島における朝鮮半島系土器の様相にもとづいて、画期的な「交易機構」「貿易」の変遷論を展開している。朝鮮半島南岸の勒島遺跡には、弥生時代中期初頭から中期前葉段階の弥生系土器が集中して出土することから、この段階ではここを交易の基地と

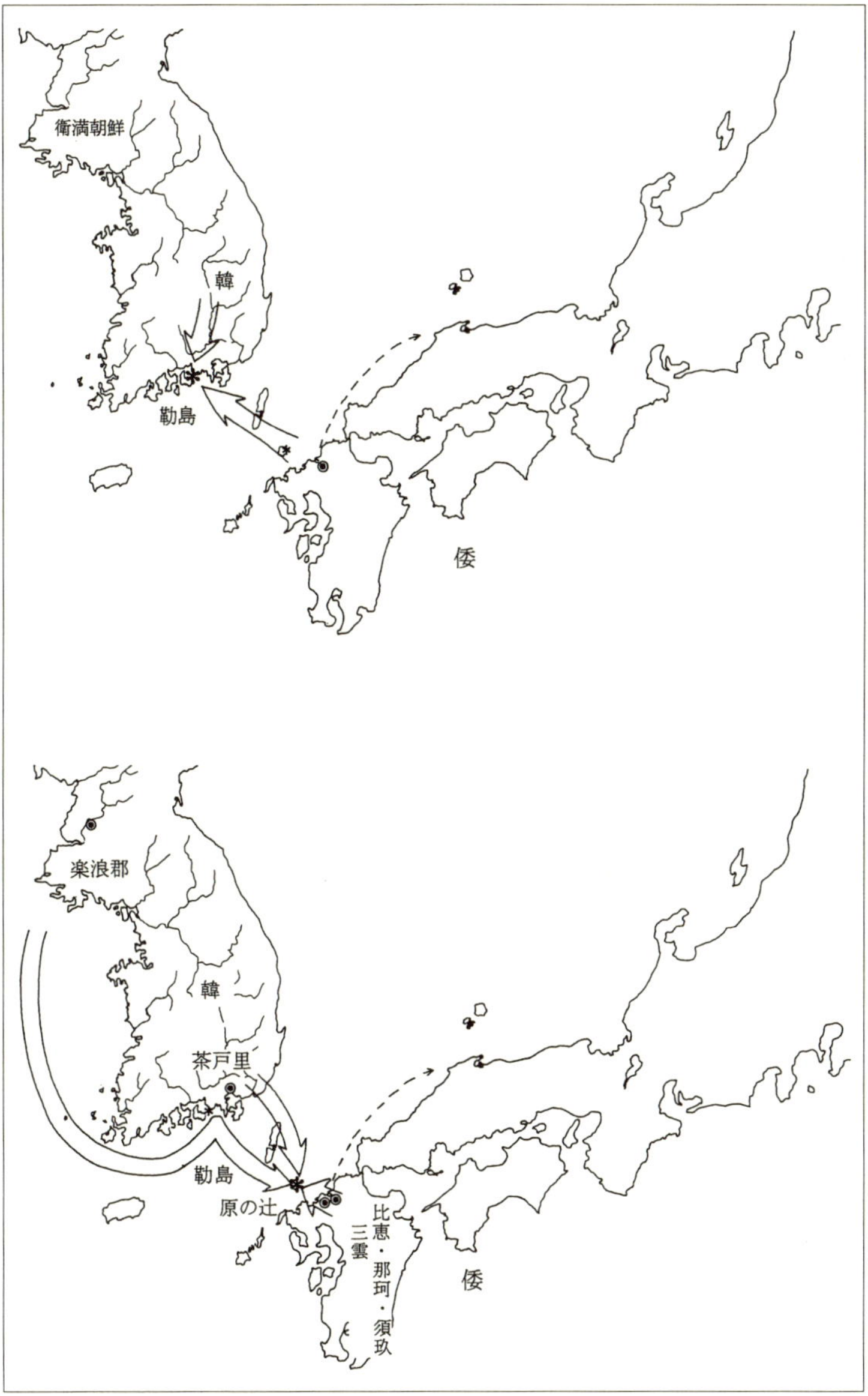


**図50**　勒島貿易（上）と原の辻貿易（下）（白井2002）

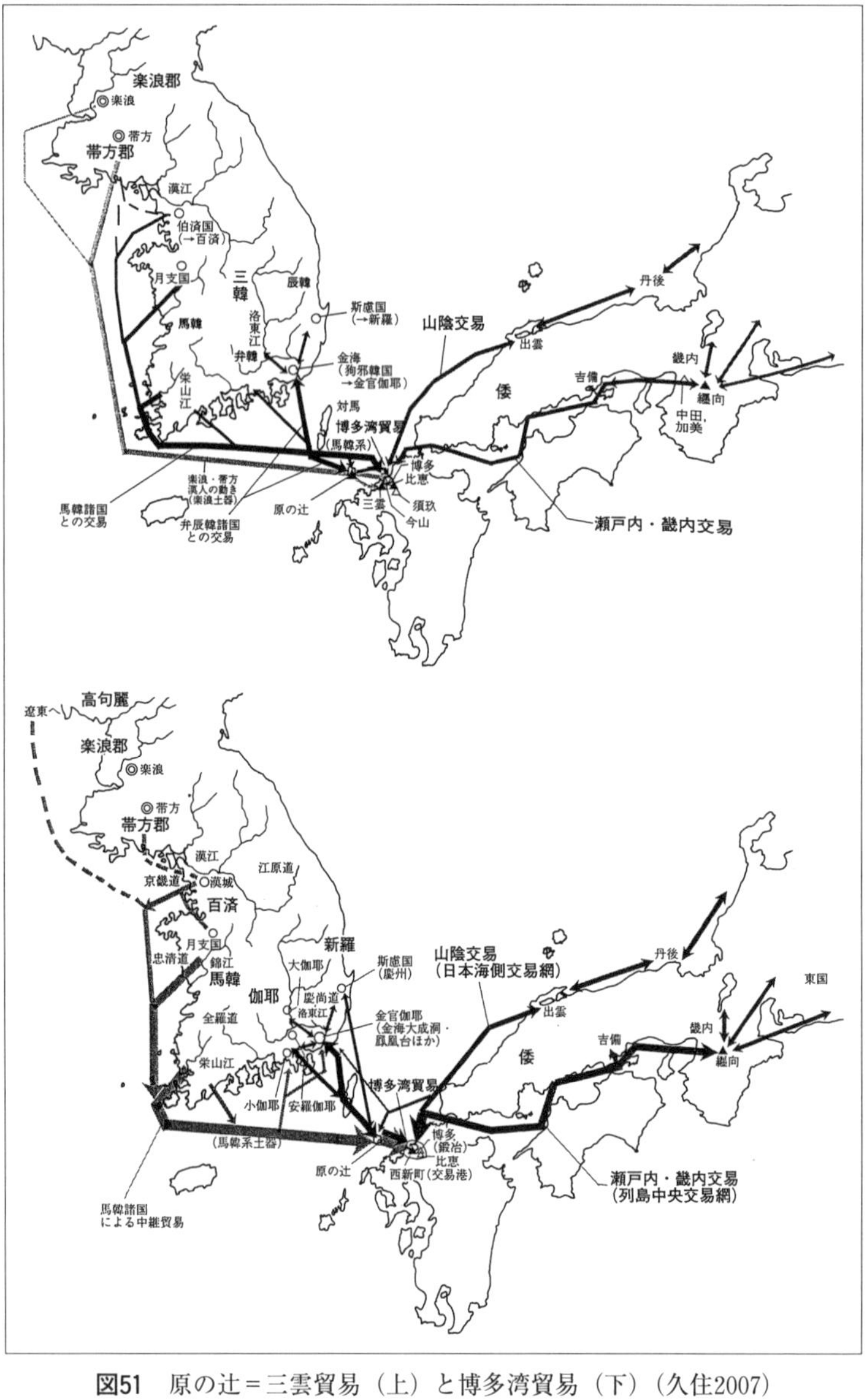


**図51**　原の辻＝三雲貿易（上）と博多湾貿易（下）（久住2007）

して「勒島《ヌクド》貿易」が開始され、倭人側から積極的に交易を展開したが、弥生中期後半頃には機能を終えるとした。さらに、弥生中期後半には、原の辻遺跡に「後期後半」無文土器が多く出土し、この段階にみられない擬無文土器も出土することから、原の辻遺跡が交易の重要な拠点となり、「原の辻貿易」として韓人・倭人がこの地を訪れて交易を行い、弥生後期後半まで繁栄していたが、終末期には衰退するとした。古墳時代前期には、博多湾岸に遺物が集中することから、博多湾の諸遺跡を拠点として、西日本一帯に及ぶ交易機構の「博多湾貿易」が成立したとしている。

久住猛雄は、白井の「交易機構」変遷論を継承しつつも、細部について再検討し、修正を行った。「勒島貿易」については、勒島遺跡での弥生系土器のピークは須玖Ⅱ式であり、開始が須玖Ⅰ式期で終焉は弥生後期初頭とした。また、「原の辻貿易」についても、須玖Ⅱ式に「勒島貿易」に並行して始まるが、「その盛期は原の辻の特定地区での無文土器の集中が解消し、交易体制が変化したとされる後期初頭以降であろう」とした。また、対楽浪交易の中心地は三雲遺跡を中心とする糸島地域（伊都国）であることから、韓人交易者は壱岐止まりで交易を行い、政治的交渉や威信財交易を行う楽浪漢人は、王都としての三雲遺跡まで来訪したことを示し、「原の辻＝三雲貿易」として再定義した。また、弥生時代終末から古墳時代初頭になると糸島地域から中心が博多湾岸地域に移り、西新町遺跡を中心とする「博多湾貿易」が成立し、「原の辻＝三雲貿易」は解体したとした。さらに、「博多湾貿易」は、畿内王権の政権構造の変化や交易ルートの畿内王権による直接的掌握などによって、「博多湾貿易」のネットワーク全体が解体するにいたったとしている。

### (二) 原の辻遺跡との対比

以上の「交易機構」変遷論と原の辻集落の変遷とを対照すれば、「勒島貿易」が第Ⅱ期、「原の辻貿易」「原の辻＝三雲貿易」が第Ⅲ期に対応することになる。

原の辻遺跡では、第Ⅱ期の弥生中期前半段階に、船着き場跡を含む環濠集落が成立しており、交易の拠点としての整備が行われている。また、「後期後半」無文土器段階の擬無文土器が原の辻遺跡のみで出土していることに注目すれば、韓人が継続して交易のために訪れていることになり、勒島遺跡と原の辻遺跡の双方が中継交易の基地となったことが考えられる。韓の交易拠点が勒島遺跡で、倭の交易拠点が原の辻遺跡であり、両者を結んでいた第Ⅱ期段階の「交易機構」は、「勒島＝原の辻貿易」としての評価もできそうである。この段階の原の辻遺跡では、楽浪系土器、三翼鏃、五銖銭などの中国系文物も出土していることから、韓人、倭人のほかに、楽浪漢人も訪れて交易を行っていたことがわかる。

原の辻遺跡では、第Ⅲ期の弥生後期初頭段階に、環濠の再掘削・新設をともなった整備が行われている。この第二次城塞集落としての整備は、中国後漢の冊封体制に組み込まれた国際的秩序のなかで、奴国・伊都国を中心とした「ツクシ連合体制」の後ろ盾を受けて実施されたことが考えられ、使節や交易者に対する「原の辻＝三雲貿易」としての交易機構や体制も同時に整備されたことが推測される。この段階では、瓦質土器段階の三韓系土器（二〇三点）や楽浪系土器（一一二点）が出土しているが、楽浪系鉢など一部の食器を除くと、貯蔵容器の壺が主体であり、交易物のコンテナの役目をもった容器であったことが考えられる。楽浪漢人や韓人の交易従事者や異国の使節も訪れて、市場をもつ国際的な交易基地（港市）として繁栄したことが考えられる。

原の辻遺跡は、第Ⅳ期の弥生後期後葉～古墳初頭段階において、倭国大乱の終息と卑弥呼共立における「邪馬台国連合体制」への編入が契機となり、城塞化した環濠が埋められていく。この段階以降は、邪馬台国連合体制（初期ヤマト政権）の一員としてクニの役割を果たしていくことになるが、国際的な交易基地として第Ⅲ期に引き続き繁栄している。

弥生終末～古墳初頭段階は、久住猛雄の「前期博多湾貿易」段階に相当し、九州本土での交易拠点が糸島地域から福岡平野の博多湾沿岸地域へ移動したと評価されている。原の辻遺跡では、この段階に山陰系土器が多く搬入されており、博多湾を含めた山陰地域との交流・交易ネットワークが形成されていることが考えられる。

第Ⅴ期の古墳前期前半期は、久住の「後期博多湾貿易」段階に相当する。博多湾沿岸では西新町遺跡が対外交易の大拠点（貿易港）となり、楽浪土器に替わって馬韓系土器が多く出土している。このことから、馬韓諸国が楽浪・帯方郡や中国本土と倭との長距離交易の仲介者として台頭したことを指摘している。

この段階には、原の辻遺跡においても馬韓系土器や加耶系の陶質土器（一二二点）が出土し、継続して交易ネットワークにのった中継基地として存続している。久住は、四世紀中頃に「博多湾貿易」にかかわるネットワーク全体が解体したことで、中継交易拠点として存続していた原の辻遺跡、西新町遺跡をはじめとする福岡平野の大集落や、吉備の足守川流域遺跡群、出雲の古志遺跡群、中河内の中田遺跡群、大和の纏向遺跡群といった大集落が衰退するとしている。

**表9**　原の辻遺跡の変遷と「交易機構」の比較

| 時期区分 | 白井克也（2001・2003） | 久住猛雄（2007） | 原の辻遺跡 段階 | 原の辻遺跡 集落の変遷 | おもな搬入品 中国・朝鮮半島 | おもな搬入品 倭（土器は筑前を除く） |
|---|---|---|---|---|---|---|
| 弥生前期後葉末<br>弥生中期初頭 | 勒島貿易 |  | Ⅰ期 | ●集落の形成（高元・不條地区）<br>●特定集団墓域の成立（石田大原地区） | 無文土器・擬無文土器、石製把頭飾、多鈕細文鏡、細形銅剣、細形銅矛、トンボ玉、天河石玉、ガラス小玉 | 硬玉製勾玉、管玉、対馬産石器素材 |
| 前葉<br>中頃<br>後葉<br>末 | 勒島貿易<br>原の辻貿易 | 勒島貿易 | Ⅱ期 | ●環濠集落の成立（第一次大集落・一支国の国邑として整備・船着き場跡） | 無文土器・擬無文土器、楽浪土器、中国式銅剣、五銖銭、青銅ヤリガンナ、銅素材、鋳造鉄斧、鉄ヤリガンナ、刀子、鉄鎌、鉄鋤先、ガラス管玉、ガラス小玉 | 土器（豊前・薩摩・長門・豊後・因幡・山陰系・瀬戸内系他）、細形洞剣、対馬産石器素材、漆塗台状杯、銅鏃 |
| 弥生後期初頭<br>前葉<br>中頃<br>後葉 | 原の辻貿易 | 原の辻＝三雲貿易 | Ⅲ期 | ●大集落再整備（第二次大集落）<br>●環濠の埋没 | 三韓土器、楽浪土器、大泉五十、貨泉、車馬具、円環形銅釧、権、銘帯鏡、虺竜文鏡、円圏規矩鏡、内行花文鏡、銅指輪、鉄製品・素材、楽浪系櫛 | 土器（豊前・肥後・瀬戸内系・畿内系他）、青銅鋤先、有鉤銅釧、中広銅矛、銅鏃、ガラス勾玉、博多湾・糸島型石錘、立岩産石庖丁 |
| 末 | 瀬戸内貿易 |  | Ⅳ期 |  | 三韓土器、楽浪土器、獣帯鏡、鉄剣、鉄矛、鉄ヤリガンナ、鋳造鉄斧、板状鉄斧、鉄鎚鉄鏃、 | 土器（豊前・肥後・周防・瀬戸内系他）小型仿製鏡、銅鐸舌、ガラス勾玉、水晶製切子玉 |
| 古墳前期初頭<br>前葉<br>中頃 | 博多湾貿易 | 博多湾貿易 | Ⅴ期 | ●原の辻大集落の解体・消滅 | 馬韓系土器、陶質土器、鉄製品・素材 | 土器（肥後・瀬戸内系・山陰系・畿内系他） |

これに対応する朝鮮半島側の状況について、朴天秀が最近の著書『加耶と倭』のなかでまとめている。朝鮮半島南岸の金海地域は、『魏志倭人伝』に記載される狗邪国の地域であり、日本列島の北部九州地域と結ぶ交通・交易の中継地点であった。二世紀には良洞里勢力が繁栄したが、三世紀中葉頃になると衰退し、金官加耶の大成洞勢力が台頭する。この大成洞勢力との日本列島の交渉の窓口は、大和北部・河内勢力に替わり、金官加耶と畿内政権内部での権力交替があったことを指摘している。

第Ⅳ章ですでに触れたが、原の辻遺跡の解体・消滅の要因については、東アジア世界の国際情勢において、朝鮮半島の要である楽浪・帯方郡と権威の後ろ盾である中国の西晋が滅んだことが背景にある。それに加えて、日本列島の倭社会においても、畿内王権の政権変動や畿内王権による朝鮮半島諸国との直接的な交易ルートの掌握（倭人伝ルートから沖の島ルートへ）がなされることで、「博多湾貿易」の交易機構と交易ネットワークが崩壊する。それにより、航路上にあった拠点的集落は衰退し、原の辻遺跡も解体・消滅にいたったことが推察されるのである。

原の辻遺跡は、朝鮮半島との中継交易基地として成立し、「勒島＝原の辻貿易」から「原の辻＝三雲貿易」、「博多湾貿易」へと「交易機構」が変遷していくなかにおいても、中国・朝鮮半島と日本列島を結ぶ対外交渉・交易の拠点として存在しつづけた。しかし、邪馬台国連合体制からヤマト王権への政権変動によって、拠点遺跡群を結んでいたネットワーク体系が崩壊し、交易拠点としての存立意義を失って解体・消滅にいたったことが推定される。このように、一支国の国邑であった原の辻遺跡の成立・発展・消滅の存亡については、東アジア世界の国際情勢と倭社会の双方の構造的変動が背景となり、歴史的契機となったのである。

## 7　銭・権・市からみる交流の実態

### (一) 原の辻遺跡における古代中国銭貨

一九五一(昭和二十六)年に実施された京都大学の水野清一らが中心となった東亜考古学会の発掘調査は、一九二九(昭和十四)年の鴇田忠正による台地北東端(高元地区)の調査地点に接して、幅二《メートル》、長さ三〇《メートル》のトレンチを設定して実施された。このときの調査区の第一層からは、弥生時代後期の高三潴式土器、漢式土器、鉄斧などにともなって、王莽の「新」一四年に初鋳された「貨泉」一枚が出土した。発掘調査によって古代中国銭貨と共伴する遺物の確認がなされた、わが国における最初の考古学的成果である。

一九九三(平成五)年度には、幡鉾川流域総合整備計画による圃場整備事業にともなって、台地東側の低地(高元・石田高原地区)の本調査が実施された。このときも、高元地区の環濠(一号溝)の中層から、弥生後期の土器などの遺物に共伴して「貨泉」一枚が出土している。

一九九八(平成十)年度の特定調査による発掘調査では、台地北西部の低地(不條地区)で、弥生前期~中期の柱穴群と土坑などの低地の居住域が、弥生後期に掘削された濠(二号濠)によって壊されているのが確認されたが、この濠のなかからも前漢の「五銖銭」一枚が出土した。濠には、出土地点付近に弥生中期後半の土器の混入も認められるところから、濠の掘削によって弥生中期の土坑などの遺構から流れ込んだ可能性が高いことが推測される。

一九九九（平成十一）年度の特定調査の発掘調査では、台地北西部の低地（八反地区）で検出された土器溜と旧河道のなかから「貨泉」四枚が出土した。土器溜出土銭は三枚であるが、そのうち一枚は弥生後期後葉頃の時期の壺（図52）のなかから出土しており、「貨泉」の流通および廃棄の年代がわかる重要な資料である。旧河道出土銭は、もともと土器溜にあったものが、旧河道へ流入したことが推測される。

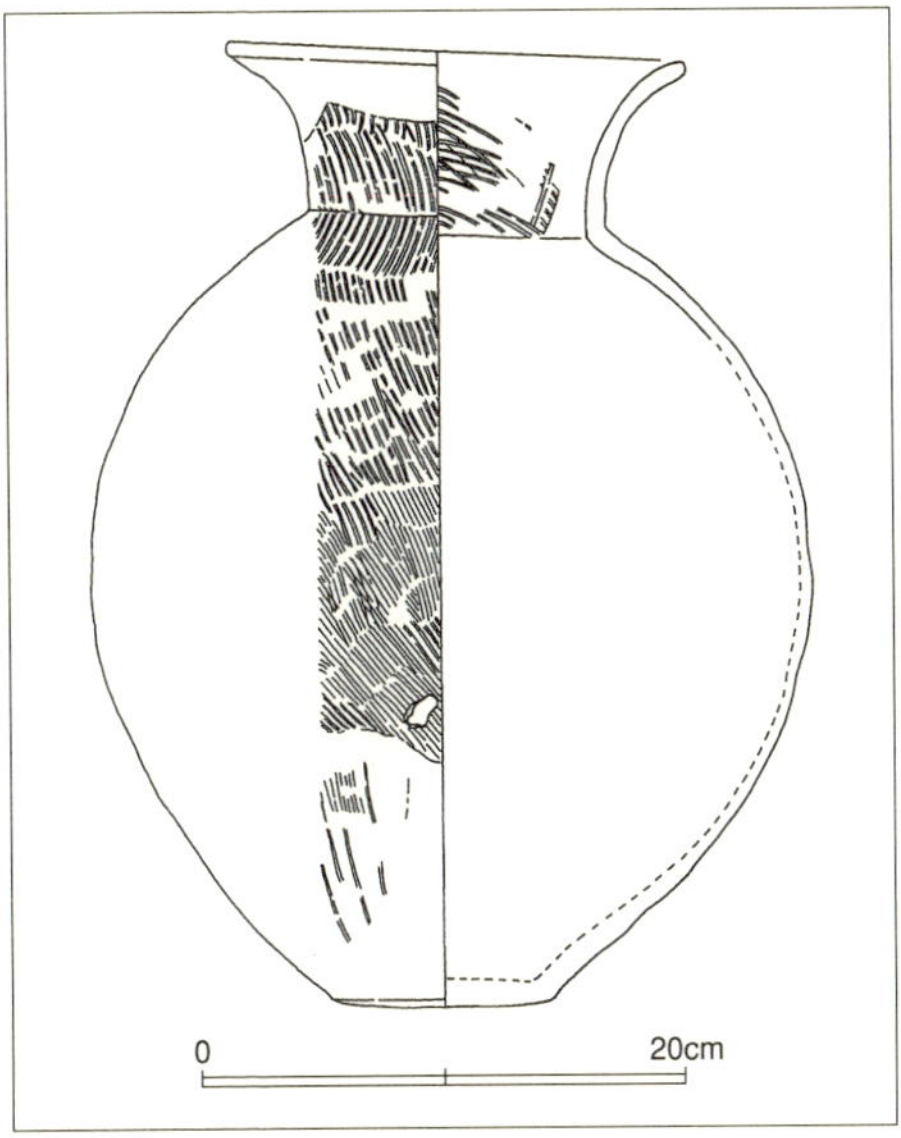

**図52**　貨泉が出土した壺

二〇〇〇（平成十二）年度の特定調査の発掘調査では、台地北西部の低地（八反地区）の近世期水田土層から、前漢末西暦七年初鋳の「大泉五十」が出土している。一九九九（平成十一）年度に四枚の「貨泉」が出土した土器溜から約四〇《メートル》ほど西側に位置しており、何らかの関係も推測される資料である。

二〇〇一（平成十三）年度の緊急雇用促進事業で実施された台地西側低地（八反地区）の調査では、「貨泉」三枚と文字が明瞭でない「不明銭」一枚、合計四枚の銭貨が出土している。「貨泉」一枚は、濠（SD5）の埋没の最終段階である弥生後期末～古墳初頭頃に廃棄された資料としており、ほかの三枚は濠を覆う黒褐色土（五層）から

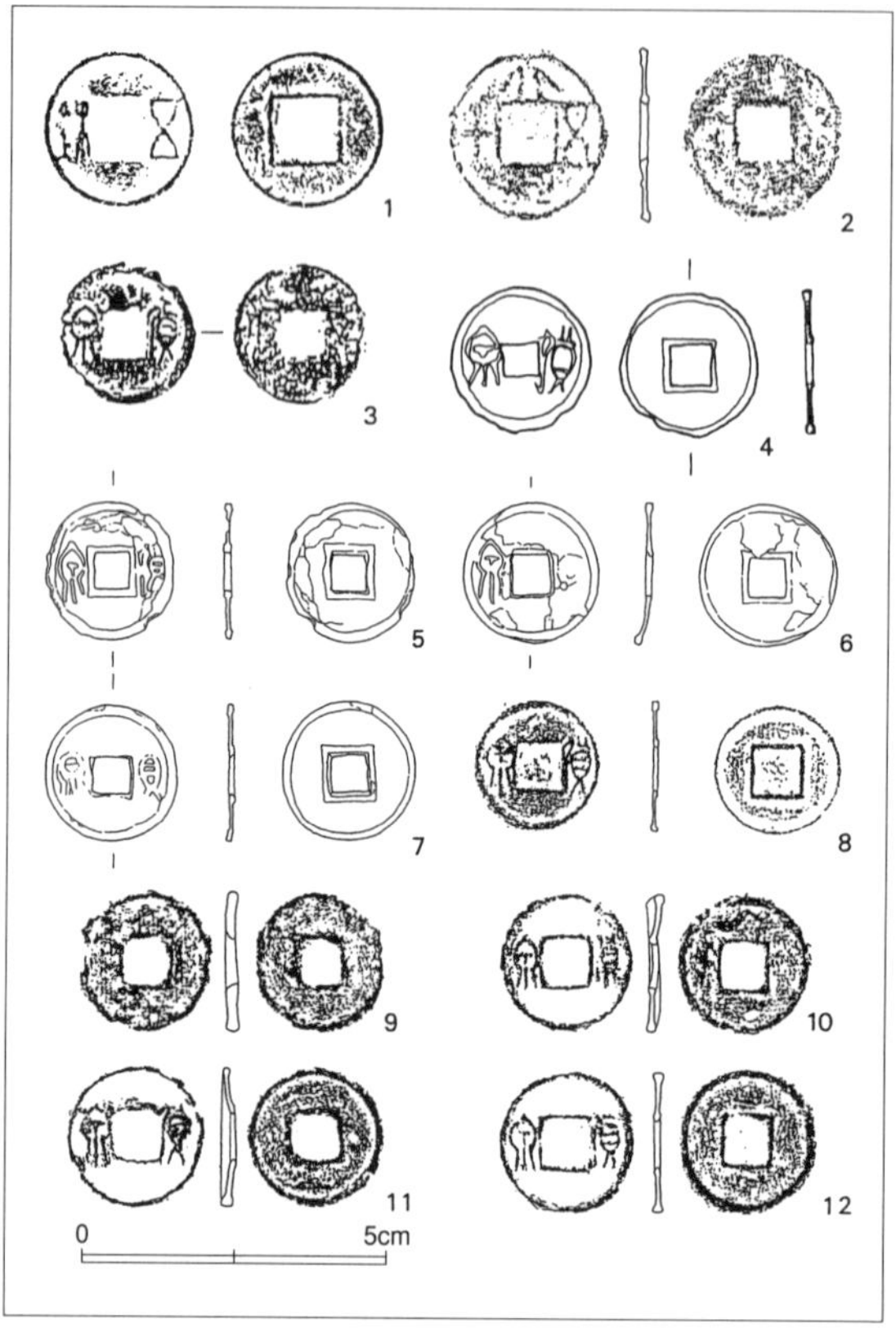


**図53**　原の辻遺跡出土銭貨

出土しているが、同様な時期が推測されている。

二〇〇六（平成十八）年度の台地部の高元地区の調査では、遺物包含層から文字不明の銅銭一枚が出土している。大きさからみると「貨泉」の可能性が高いが、「不明銭」としておく。

二〇〇七（平成十九）年度の台地西部低地の八反地区の調査では、遺物包含層から「貨泉」二枚が出土している。

### （二）中国銭貨の出土状況について

以上、これまでに原の辻遺跡から出土した古代中国の貨幣は、「五銖銭」一枚、「大泉五十」一枚、「貨泉」一一枚、「不明銭」二枚の合計一五枚となっている。このほかに壱岐島内では、車出遺跡群の車出遺跡と戸田遺跡から、「貨泉」二枚が出土しており、壱岐では合計一三枚の古代中国貨幣が出土しているこ

**表10**　原の辻遺跡出土の古代中国銭貨

| 番号 | 種　類 | 直径 | 厚さ | 重量 | 地区 | 遺構･層位等 | 調査年次 | 備　考 |
|---|---|---|---|---|---|---|---|---|
| 1 | 五銖銭 | 25.55 | 1.3 | 2.1 | 不條 | 2号濠 | H10 | 特定調査 |
| 2 | 大泉五十 | 28.15 | 2.45 | 5.5 | 不條 | E区Ⅱ層 | H12 | 特定調査 |
| 3 | 貨泉 | 23.2 | － | 1.98 | 高元 | 1層 | S26 | 東亜考古学会 |
| 4 | 貨泉 | 23.0 | 0.16 | 1.3 | 高元 | 1号溝(濠) | H5 | 圃場整備調査 |
| 5 | 貨泉 | 22.4 | 1.40 | 1.1 | 八反 | E区土器溜 | H11 | 特定調査 |
| 6 | 貨泉 | 22.10 | 1.40 | 2.2 | 八反 | E区土器溜 | H11 | 〃　　(壺) |
| 7 | 貨泉 | 21.60 | 1.35 | 1.9 | 八反 | E区土器溜 | H11 | 〃 |
| 8 | 貨泉 | 22.70 | 1.60 | 2.4 | 八反 | E区2号旧河道Ⅱ層 | H11 | 〃 |
| 9 | 貨泉 | 22 | 0.2 | 1.4 | 八反 | 南区5層 | H18 | 緊急雇用調査 |
| 10 | 貨泉 | 22 | 0.2 | 1.6 | 八反 | 南区5層 | H13 | 〃 |
| 11 | 貨泉 | 23 | 0.2 | 1.6 | 八反 | 南区SD5(濠) | H13 | 〃 |
| 12 | 不明銭 | 23 | 0.2 | 1.8 | 八反 | 南区5層 | H13 | 〃 |
| 13 | 不明銭 | 23 | 0.15 | 1.5 | 高元 | Ⅴ区包含層 | H18 | 市整備調査 |
| 14 | 貨泉 | 25.6 | 1.35 | 2.0 | 八反 | 八反6層 | H19 | 県道調査 |
| 15 | 貨泉 | 22 | 1.45 | 2.6 | 八反 | 八反6層 | H19 | 県道調査 |

直径・厚さの単位はミリ、重量はグラム

とになる。

その出土状況は、墳墓への副葬品や土坑等に備蓄した状態を示したものではない。遺構から出土した資料は、原の辻遺跡の一九九九（平成十一）年度調査の八反地区土器溜の壺から出土した「貨泉」一枚を除くと、いずれも土器などの遺物とともに土器溜や濠に廃棄された状況を示している。

原の辻遺跡で見られる生活やマツリにともなう遺物の廃棄は、旧河道や谷間状の傾斜地への廃棄（土器溜）、掘った穴への一括廃棄（廃棄土坑・祭祀土坑）、溝や濠への廃棄など、遺跡のなかの決められた場所で行われていたことがわかる。

廃棄物を消費された単なるゴミとして考える現代人とくらべ、すべての物に魂や命を感じていた古代人は、道具や生活残滓の廃棄についてもカミの世界へ送る「物送りの場」とみており、むしろ一種のマツリの行為であったことが推測される。

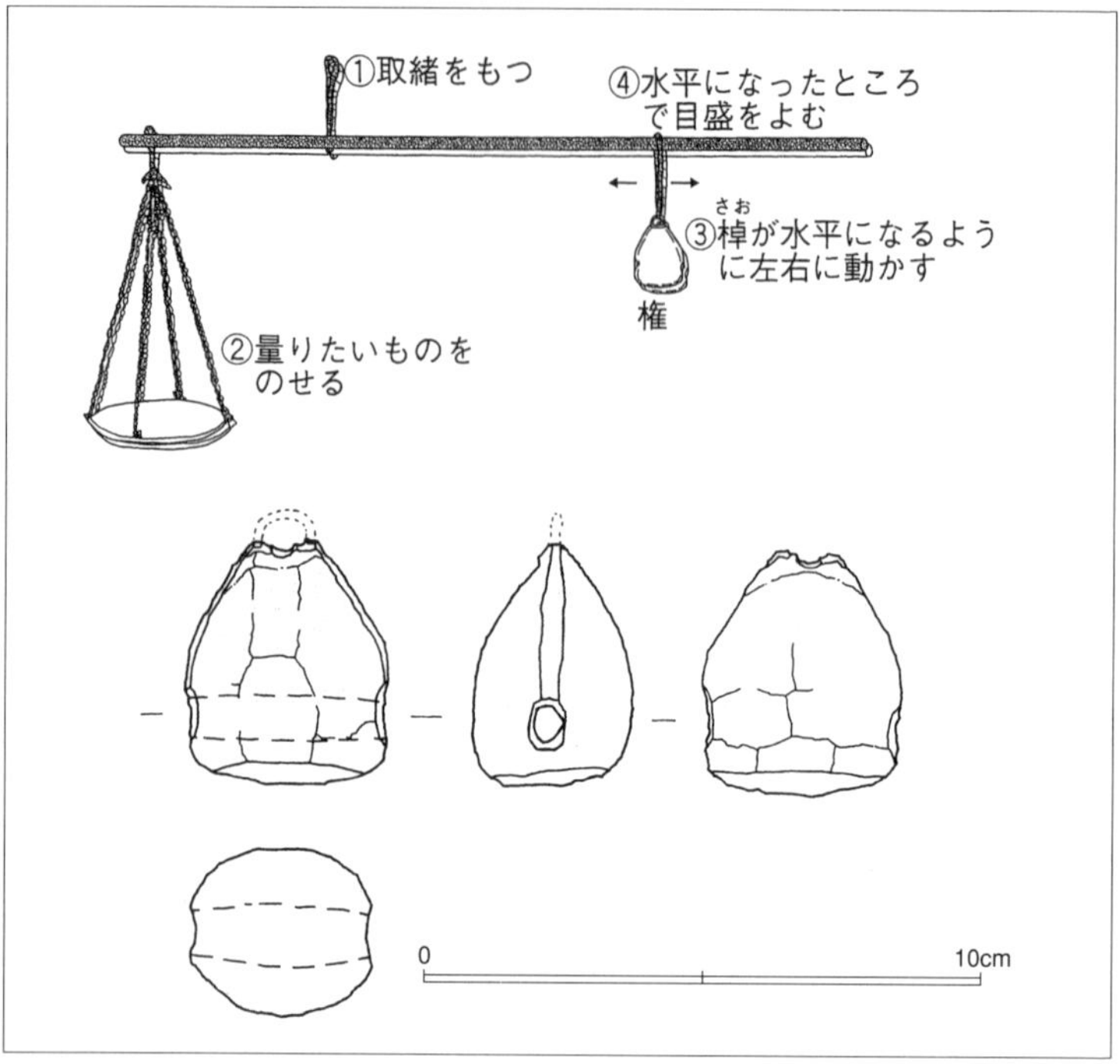
①取緒をもつ
④水平になったところで目盛をよむ
③棹《さお》が水平になるように左右に動かす
権
②量りたいものをのせる
0
10cm

図54　権の実測図（下）と棹秤図（上）

先述のように、一九九九年度八反地区土器溜では、土器溜に据え置かれた壺のなかに「貨泉」一枚、周囲に三枚の「貨泉」が出土している。この出土状況は、土器溜の「物送りの場」としての性格を考慮すると、物と交換できる不思議な力をもつ貨幣が、地鎮のためのまじない具（厭勝銭《ようしょうせん》）や、カミへの奉献・贈与の道具として使用された可能性を想像させる。

## （三）「権」と市場

原の辻遺跡では、台地中央（原地区）の最も高い標高一八㍍の尾根状の丘部分が、南北方向に約八〇㍍の長さをもち、掘立柱の高床建物跡や平屋建物跡からなる祭儀場として使用されていたと推測されている。

棹秤の錘である「権」（図54）は、一九

九九（平成十一）年度の調査で、祭儀場から北側約五〇メートルほどの位置から出土した。当資料は、上部の鈕部分を欠損しているが、高さ四・三センチ、幅三・四センチ、重さ一五〇グラムで釣鐘状をなす。鉛同位体比法による産地推定の分析などから、弥生後期に相当する中国後漢で製作された可能性が高い。原の辻遺跡の中枢部で出土しており、貴重な品物を計量するために使用されていたことが考えられる。

『魏志倭人伝』には、

　国国には市有り、有無を交易し、大倭をしてこれを監せしむ（石原道博訳）

と市場を監督する者と交易の管理体制があったことが記されている。権は、一支国に組織的な「市」が存在し、中国系商人などによって使用された可能性を示唆しており、貨泉などの中国銭貨の流通・使用との関連を考えさせる資料として注目される。

### （四）中国銭貨の流通・使用について

弥生時代〜古墳時代における最新の中国銭貨出土例をとりまとめた寺澤薫によれば、沖縄県から山梨県までの五五カ所の遺跡があげられ、二四七枚の出土を報告している。とくに九州から畿内にかけての西日本地域では、四七遺跡、二二五枚が発見されており、西日本一帯に集中した分布をもっていることがわかる。

中世日本では、中国の王朝が鋳造した銅銭が通用銭として使用されていた。出土銭貨研究会会長であった慶応大学の故鈴木公雄は、一九九八（平成十）年度に集計されたデータではあるが、全国で二七四例三五二万九〇二〇枚の備蓄銭が発見されていることをまとめている。

中世日本では、中国から莫大な量の銭貨がもたらされ、基準の通貨として流通し使用されていたが、その中心となるのは小平銭の一文銭である。奈良大学の東野治之は、本国で数倍の価値をもつ当十銭、当五銭、当三銭、折二銭などの大型の銭（大銭）が、日本でまったく流通していないことを指摘している。

一方、大型銭の流通について熊本大学の小畑弘巳は、九州・沖縄などをはじめとする西日本において、「貿易が盛んな地域や都市では、依然として商品取引の決済手段として対外貨幣として機能しつづけた」として、「中国を中心とした環東アジア貿易圏のうちにあり、その内部貨幣としての銭貨流通システムに取り込まれていた」と評価している。このことは、中世日本の銭貨流通が、あたかもコインの両面のごとく、東日本を中心とした日本的銭遣いと、九州・沖縄などの都市遺跡にみられる環シナ海経済圏に包括された銭遣いの二重構造になっており、大型銭流通の背景には環シナ海を行き来する介在者の存在が指摘できよう。

## （五）弥生時代における中国銭貨流通の実態

芦屋市教育委員会の森岡秀人は、「東アジア東辺の辺境に位置する日本列島では、紀元一世紀以降、通貨としての機能・流通をみないまま変則的に中国銭貨を受容し」、「性格や目的を多様な形にしたまま遺跡に残ることになった」として、中国の貨幣経済・制度の周縁にあった列島の出土状況をまとめている。このように弥生時代から古墳時代初頭頃の日本では、いまだ物の交換が市場で行われる「実物経済」の段階であり、すでに中国で成立していた「貨幣経済」の外域にあったことが考えられる。

奈良大学の水野正好は、想像力に富んだ『島国の原像』という文献のなかで、西日本の弥生時代

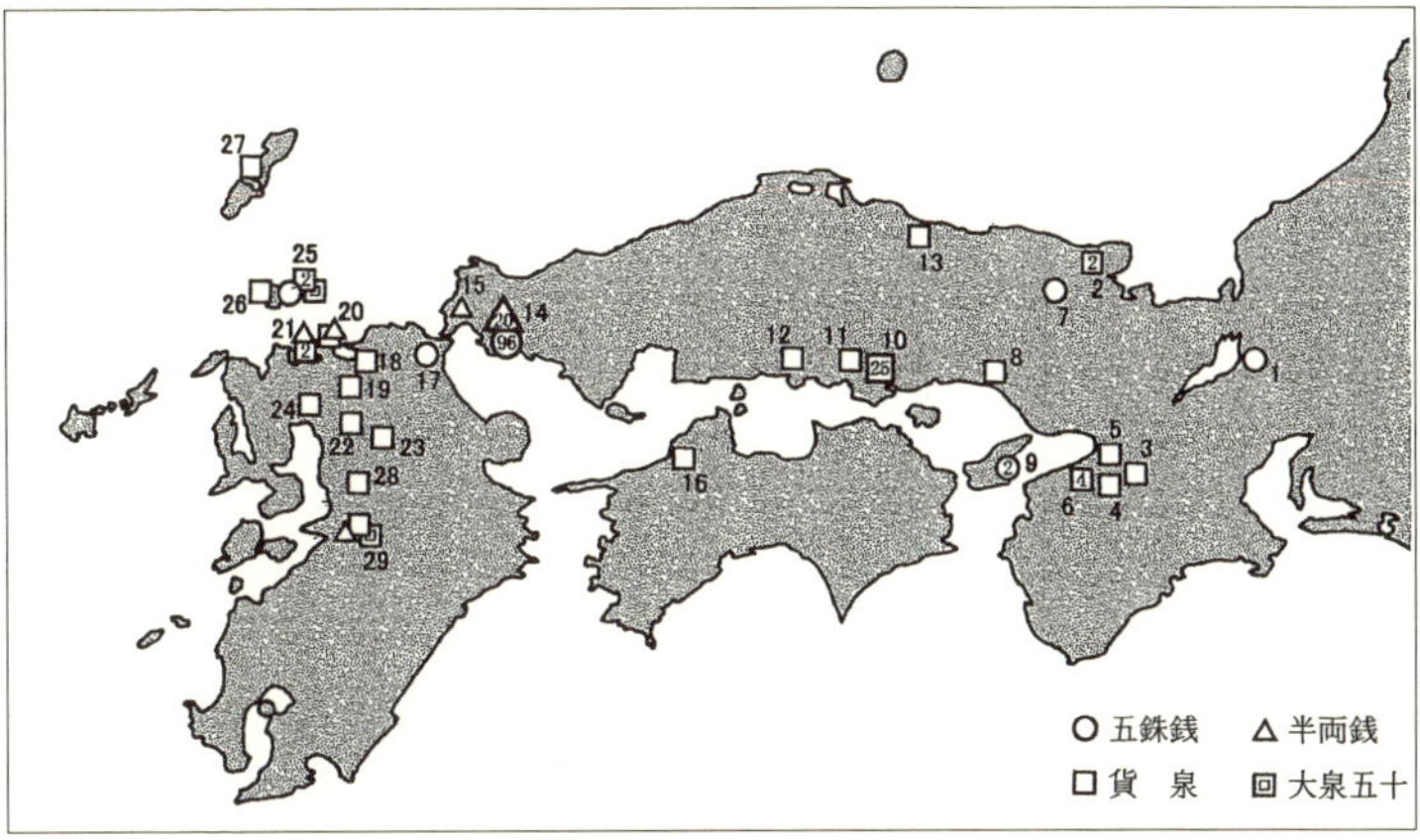


**図55**　西日本の中国銭貨出土弥生遺跡（森岡2003）

においては、列島内の拠点集落を結ぶネットワークをもった港津関係の集落遺跡から「貨泉」が出土しているところから、「銭貨本来の交易機能がこの『貨泉』に与えられ、港津が活発な対外交易の場であった」とし、「各港津には交易担当の機構があり、その構成に漢韓人が大きなウエイトを占め、彼らの実務において『貨泉』が実際に機能していた」と考え、「貨泉」が「日漢・日韓の交易」にあたって実際に使用されていたことを推測している。

西日本一帯の港津を中心にして出土する中国銭貨は、森岡秀人が指摘するように、日本列島の弥生社会が東アジアの周縁的な状況にあるとはいえ、壱岐・原の辻遺跡での厭勝銭としての用途、棹秤の「権」の出土などと、西日本を中心とする日本列島での中国銭貨の出土状況などを総合的に判断すると、列島産青銅器の銅素材としてもたらされたという可能性も完全には否定できないが、中国銭貨の出土分布が大陸から渡海した人びとの商業活動の範囲を示しており、港津などの遺跡において、楽浪郡や韓から渡来した商人・使節などの人びととの間で通貨として局部的に使われていた可能性を想定したい。

その点で、西南学院大学の高倉洋彰が、中国銭貨がまとまって出土している沖ノ山遺跡（山口県）の「半両銭」・「五銖銭」、高塚遺跡（岡山県）の「貨泉」の出土状況から、緡銭《びんせん》（さしに通した銭）を思わせる一連・一括の伝来の可能性を想定していることは、興味深いあり方と考えられる。

原の辻遺跡における遺物のありようは、朝鮮半島・大陸さらに日本列島各地に及ぶ広範な地域から品々がもたらされ、原の辻遺跡が一支国の国邑として「港市国家」ともよぶべき国際的な交流拠点であったことを物語っている。とくに楽浪土器・銭貨・権の出土は、当地に直接赴いてきた中国（楽浪漢人）系の交易者（商人）や使節などの人びとの活動を示していることが考えられる。一支国では、組織的な「市」（バザール）が存在し、楽浪漢人や韓人の交易者の出入国にかかる管理、貨物の検査・租税、外国使節の接待など、市と交易を監督する『魏志倭人伝』に記載された「大倭」のような官吏がいたことが推測される。

# Ⅵ　原の辻遺跡の保存と復元整備

原の辻遺跡は、壱岐市によって、二〇〇五（平成十七）年度から二〇一〇（平成二十二）年度の計画で第一期保存整備が進められている。この整備では、遺跡の復元を行うだけでなく、遺跡をのぞむ隣接の丘陵部に、二〇〇九（平成二十一）年度の開館をめざして県立埋蔵文化財センターと一支国博物館の建設が進められている。

このように、遺跡の保存整備と遺跡博物館としての一支国博物館、考古学的な調査研究拠点としての埋蔵文化財センターが一体的に連携して活用されることによって、遺跡の理解や重要性を高めるとともに、壱岐の島づくり・地域振興の拠点となり活性化を図る目的で、総合的な整備が進められている。現在、ハード面の整備にとどまらず、それらを活用した活性化プログラムの具現化に向けての取り組みが開始されたところである。

## 1　原の辻遺跡の保存と史跡指定

一九九三（平成五）年に開始された幡鉾川流域総合整備計画の県営圃場整備事業にともなう本格的な緊急調査で、当時の環濠発見の状況について地元研究者の横山順は、県内紙において、次のように報告した。

> 発掘は四月に入って始まった。遺跡は台地上だが掘るのは水田部。そのむかるみから、いきなり濠がでた。それが延びる。どんどん延びて台地の縁を蛇行していく。大量の土器片が濠を埋めている。併行して二本の濠が走る。それが三本に増える。集落を囲む多重環だ。あの吉野ヶ里遺跡と肩を並べる遺構が出土したのである……連日、遺跡上空を取材のヘリが飛び、話題の遺跡を一目見ようと、島民が観光客が引きも切らず押し寄せた。調査は騒然たる雰囲気と衆人環視の中で続けられたのである

この環濠発見により、原の辻遺跡が弥生時代の大規模な環濠集落であり、『魏志倭人伝』に記載された「一支国」の中心集落（国邑）であることが判明した。弥生時代研究の第一人者で当時国立歴史民俗博物館長であった故佐原真から遺跡の重要性について評価と尽力をいただき、県教育委員会と地元教育委員会は、文化庁、地元町、農林機関などと遺跡保存の協議を重ね、一九九四（平成六）年度に台地東側と西側の低地について将来の文化財用地として三・三㌶の非農用地化が決定された。

一九九五（平成七）年四月には、県教育庁の地方機関として原の辻遺跡調査事務所が設置され、壱岐・原の辻展示館も併設された。展示館では、発掘調査で出土した展示資料と調査成果を紹介しており、同年度には一〇万人を超える見学者が訪れている。

芦辺町と石田町の地元教育委員会は、一九九六（平成八）年三月に地権者への説明会を開催し、同年四月から同意を得るための作業を開始して、

十二月に文化庁へ申請を行い、一九九七（平成九）年九月に国史跡に指定された（一六・二一ヘクタール）。

## 2　原の辻遺跡保存整備計画の策定

原の辻遺跡が国史跡になったことで、一九九七（平成九）年十月には、地元四町で構成される原の辻遺跡保存等協議会によって九州大学教授の西谷正を委員長とする原の辻遺跡保存整備委員会が設置され、原の辻遺跡の「保存整備基本計画」の検討が始まり、一九九九（平成十一）年三月に「原の辻遺跡保存整備基本計画書」が策定された。

「基本計画書」では、

一、一支国の中心部を遺跡博物館として整備する（一支国遺跡博物館）

二、つねに新しい発見ができる場とする（変化する遺跡）

三、遊んで、学んで、体験学習の場を提供する（弥生人の生活を知る・体験学習の場）

四、弥生時代を中心とする東アジア的視点に立った研究の拠点とする（研究拠点）

五、壱岐のシンボルとして島民の心のよりどころとする（現代の一支国）

六、遺跡成立のもととなった風景を守る（弥生の風景）

七、地域の活性化、まちづくり・島づくり拠点とする（振興拠点）

以上の七つの整備方針が設定され、弥生時代の一支国の王都を保存しつつ、わかりやすく表現し、学習・研究の拠点づくりを進めることとした。

芦辺町と石田町は、一九九八（平成十）年度から史跡地の公有化にとりかかることになり、一九九九（平成十一）年度から文化庁の「史跡等保存

**図56**　第Ⅰ期保存整備概要図（アミ部は特別史跡範囲）

整備費国庫補助」を受けて、整備のための発掘調査を開始した。

そして二〇〇〇（平成十二）年十一月には、これまでの発掘調査の成果により、弥生時代の国の中心集落の構造や実態を解明できる遺跡として、学術的価値がきわめて高く重要であるとの評価を受け、念願であった国の特別史跡に指定されたのである。

二〇〇三（平成十五）年三月には、二〇〇〇（平成十一）年度から原の辻遺跡保存整備委員会により検討を進めていた「原の辻遺跡保存整備実施計画書」が策定された。「実施計画」では、第一期の整備目標として、

一、王都の表現
二、成長する整備
三、現代の一支国・活用
四、研究拠点

とし、さらに「王都の表現」と「活用」を目的として、以下四つの地域を重点的に調査・整備することとした。

一、中心域（祭儀場・周辺建物群）
二、環濠の整備（東側環濠）
三、墓域の整備（石田大原地区）
四、活用施設（北と南のガイダンス）

この「実施計画」にもとづいて、二〇〇三（平成十五）年度に「原の辻遺跡保存整備基本設計」、二〇〇四（平成十六）年度に「原の辻遺跡保存整備実施設計」を作成した。また、二〇〇四年度には、市町村合併した壱岐市が、本格的な整備の前に、台地北部の高元地区において、イベント等に活用する体験広場と史跡導入部の整備を行った。

## 3　県立埋蔵文化財センター・市立一支国博物館の整備計画

長崎県では、二〇〇三（平成十五）年二月、知事が原の辻遺跡をはじめ多くの歴史遺産のある壱岐に、県立埋蔵文化財センターを設定することを表明した。四月には、西谷正九州大名誉教授を委員長として「原の辻遺跡・埋蔵文化財センター等整備基本構想策定会議」を設置して、原の辻遺跡の復元整備と一体となり壱岐の地域振興の拠点施設となるように検討を行い、十二月に「原の辻遺跡・埋蔵文化財センター等整備基本構想提言書」が策定された。このなかでは、壱岐を舞台とした原の辻遺跡および埋蔵文化財センター等の整備課題として、

一、長崎県全体の埋蔵文化財調査研究の拠点づくり

二、東アジア的視点に立った考古学の拠点づくり

三、地域振興拠点づくり

の三点があげられ、埋蔵文化財センターとともに展示施設等の整備が示され、原の辻遺跡への連絡が容易で、全容を眺めることができる建設場所の提案がなされた。

この「基本構想提言書」を基にして、二〇〇五（平成十七）年三月に、県教育委員会と壱岐市教育委員会によって、「長崎県立埋蔵文化財センター・壱岐市立一支国博物館（仮称）整備基本計画」が策定された。この「基本計画」では、原の辻遺跡を南西にのぞむ丘陵上に建設予定地が示され、埋蔵文化財センターと一支国博物館（仮称）を一体的に整備し、原の辻遺跡の復元整備と連携することで、壱岐の地域振興の拠点となることを

**図57**　埋蔵文化財センター・一支国博物館　建物完成イメージ図（長崎県文化施設整備室）

めざすと提示されている。

当施設は、二〇〇六（平成十八）年度に施設の設計を行い、二〇〇八（平成二十）年度に建設工事に着工し、現在、二〇一〇（平成二十二）年春の開館をめざして建設が進められている。

## 4　原の辻遺跡の第一期保存整備計画

壱岐市は、文化庁の「史跡等総合整備活用推進事業費」の国庫補助を受けて、二〇〇五（平成十七）年度〜二〇一〇（平成二十二）年度の六カ年度計画で保存整備を行うことになった。全体計画としては、『魏志倭人伝』に記載されている「一支国」の王都として存在し、最も繁栄した弥生時代後期の時期を中心として、「海の王都・国際交流拠点」であった原の辻遺跡の姿を復元し、学習・体験の場として活用するという方針で整備が

図58　復元の進む祭儀場周辺の建物群

進められている。二〇〇五（平成十七）年十二月には、原の辻遺跡整備委員会のなかに、「建物復元部会」、「生活復元部会」、「環境復元部会」、「管理運営部会」を設置して、各部会で検討した内容を、保存整備委員会で審議して、より具体的な形で反映させている。

保存整備の内容は、中心域、環濠、墓域を中心として、弥生植物園などの整備を実施していく計画である。中心域は、祭儀場の高床主祭殿・平屋脇殿・小形高床建物群を中心として、竪穴住居、壁立建物、倉庫の高床建物など、二〇〇八（平成二十）年度までに一七棟の建物を復元する計画である。屋根は韓国の伝統家屋にみられる「茅逆葺」、平屋建物や高床建物の壁は土壁を採用しており、大陸源流の建物の雰囲気を醸し出している。二〇〇八（平成二十）～二〇〇九（平成二十一）年度にかけては、生活表現のための道具が室

**図59**　建物群遠景

内に設えられていくので、弥生時代の生活の様子が具体的に再現されて、往時の「海の王都」に思いを馳せることができるようになると思われる。

台地東側の石田高原地区の環濠や台地南東部の石田大原地区の墓域、台地東側の原地区の弥生農園などの整備は、二〇〇八（平成二十）年度から具体的な検討を進め、二〇一〇（平成二十二）年度に第一期保存整備が完了する予定である。

今後の課題としては、保存整備後の維持管理と活用がある。二〇〇七（平成十九）七月に、壱岐市の原の辻遺跡保存等協議会で「原の辻サポーター」としてボランティアを募り、約八〇名が集まった。「原の辻サポーター」は、復元建物の周辺の草刈りや古代米栽培などを行う「環境整備」、体験学習やイベントなどの際に支援を行う「活動支援」、展示館や遺跡の説明案内を行う「遺跡ガイド」の各グループに分かれて活動を開始してい

**図60**　「環境整備」グループによる史跡内の草刈り

**図61**　「活動支援」グループによる体験学習

図62　「遺跡ガイド」グループによる出土品の解説

る。

今後の方向性については、原の辻遺跡の保存整備および二〇一〇（平成二十二）年春に開館する埋蔵文化財センター・一支国博物館の整備に向けて、現在行っている活動を広げ、参加者を増やし、組織を整えることが課題となっている。各グループについてみていくと、「環境整備」グループでは遺跡を快く見学できるための環境整備と弥生水田・農園の維持管理、「活動支援」グループでは生活復元部会で検討を進めている「原の辻こよみ」にもとづいた行事やイベント、バザールなどの活動の支援、「遺跡ガイド」グループでは遺跡から博物館のガイドを行い、将来的には島内の文化遺産（古墳群など）まで拡げていくことが課題となっている。

筆者が参加している「遺跡ガイド」グループでは、現在、担当者を割り振って、土曜・日曜ごとに観光客への展示館での説明を行っている。筆者は、「原の辻サポーター」立ち上げの段階では、行政担当あるいは専門家としての立場で支援を行わさせていただいていたが、現在はサポーターの一人として参加している。サポーターの皆さんは、原の辻遺跡を「壱岐の宝」として伝えていくことが誇りであり、精神的な支柱として、壱岐の発展に結びつけていきたいという強い思いをもって参加されている。このような熱意をもったサポーターの方々の輪が広がり、市民全体で原の辻遺跡、一支国博物館を支え、壱岐の歴史的遺産を守り伝えていくことができるようになることを期待している。壱岐の遺跡と博物館に活気を与え、命を吹き込んでいくのは、島民（壱岐市民）の結集された力であると確信するからである。

## 原の辻遺跡へのアクセス

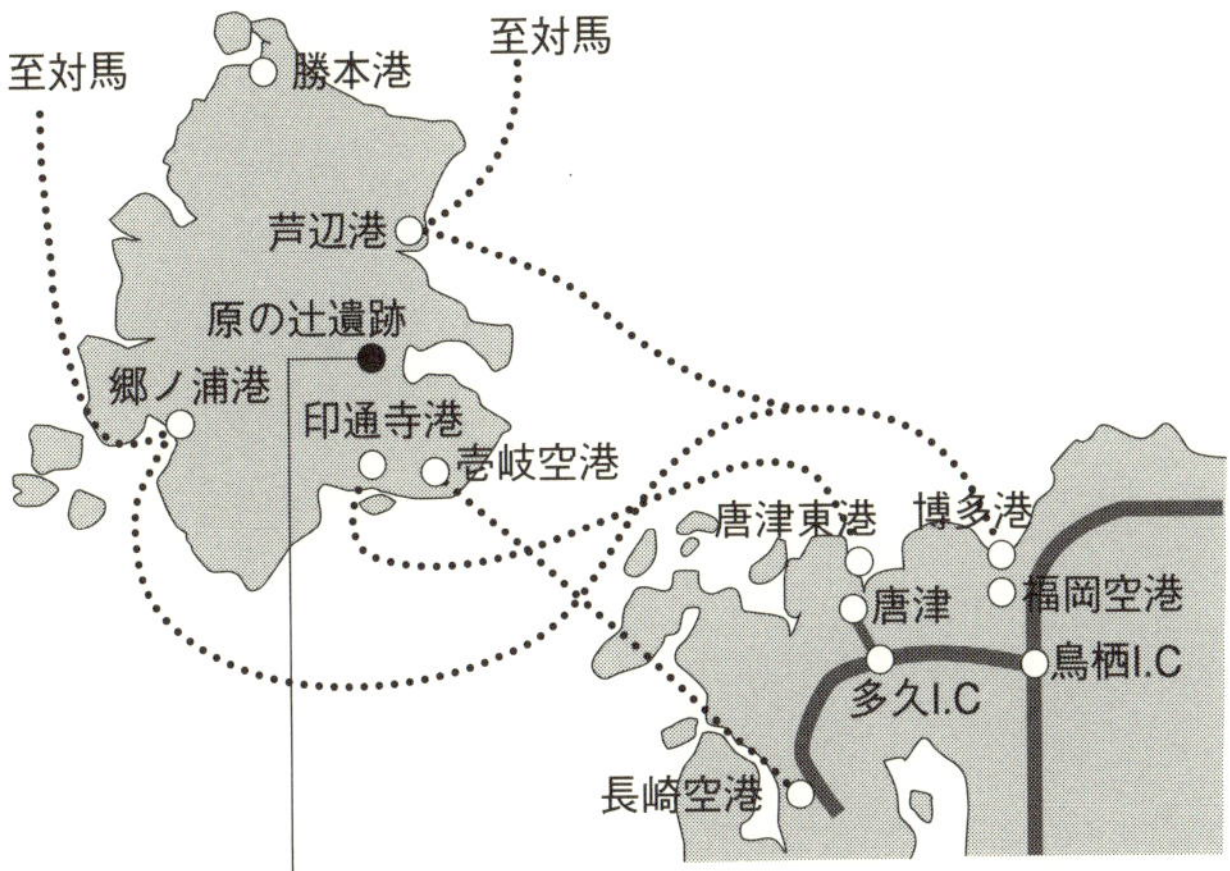


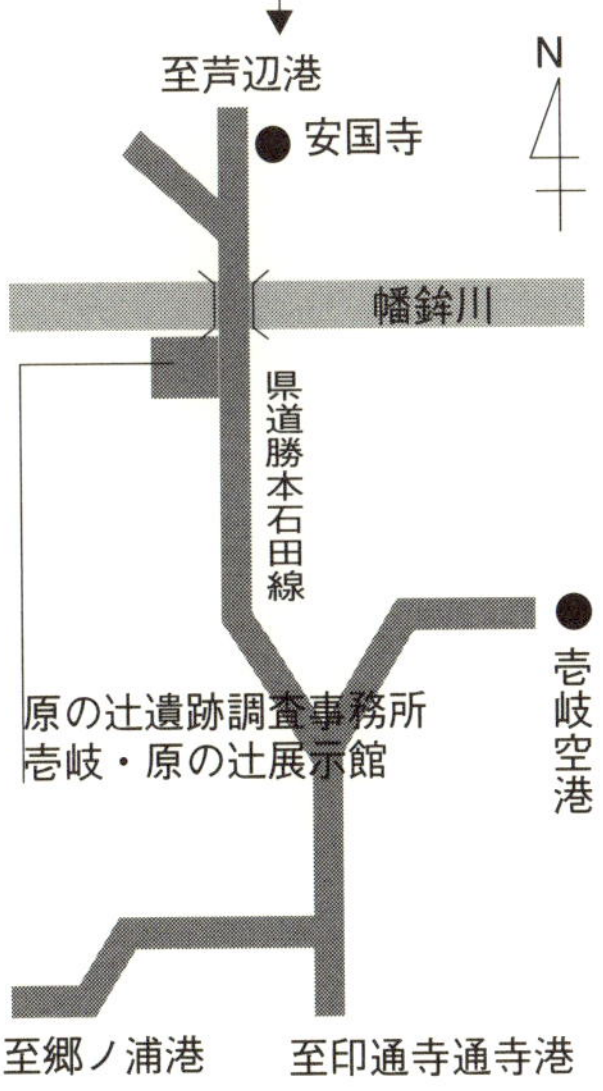


●郷ノ浦港から……車で約20分
●印通寺港から……車で約10分
●壱岐空港から……車で約10分
●芦　辺　港から……車で約10分

## 参考文献

網干善教・来村多加史訳（楊泓著） 一九八五『中国古兵器論叢』関西大学出版部
安楽 勉編 一九八九『串山ミルメ浦遺跡』勝本町文化財調査報告書第七集 勝本町教育委員会
安楽 勉 二〇〇〇「一支国における南北市糴」『考古学からみた弁・辰韓と倭』九州考古学会・嶺南考古学会
生田 滋 一九八六「アジア史上の港市国家」『日本の古代 三 海をこえての交流』中央公論社
石野博信編 二〇〇二『女王卑弥呼の祭政空間』恒星出版
石橋新次 一九九二「糸島型祭祀用土器の成立とその意義」『北部九州の古代史』名著出版
石原道博訳 一九五一『魏志倭人伝・後漢書倭伝・宋書倭伝・隋書倭伝』岩波書店
井上裕之 一九九一「北部九州における古墳出現期前後の土器群とその背景」『児島隆人先生喜寿記念 古文化論叢』
内田正俊 一九九九「文献のなかの渡来人」『渡来人登場』大阪府立弥生文化博物館
岡崎 敬 一九五六「日本における初期鉄製品の問題」『考古学雑誌』第四二巻第一号 日本考古学会
岡田英弘 一九九四『倭国の時代』朝日新聞社
岡村秀典 一九九三「後漢鏡の編年」『国立歴史民俗博物館研究報告』第五五集 国立歴史民俗博物館
岡村秀典 一九九九「漢帝国んぼ世界戦略と武器輸出」『人類にとって戦いとは 一 戦いの進化と国家の形成』東洋書林
岡村秀典 一九九九『三角縁神獣鏡の時代』吉川弘文館
岡村道雄 二〇〇〇『日本列島の石器時代』青木書店
小田富士雄・韓炳三編 一九九一『日韓交渉の考古学』六興出版
小田富士雄 一九九三『倭国を掘る』吉川弘文館
小田富士雄 一九九八「前漢代『五銖』銭の発見」『原の辻ニュースレター』第二号 原の辻遺跡調査 事務所

小田富士雄　一九九九「漢式銅鏃覚書」『原口正三古希記念論集』
小田富士雄　二〇〇〇『倭人伝の国々』学生社
小畑弘巳　一九九七「大型銭の流通」『わが国における銭貨生産』出土銭貨研究会
片岡宏二　一九九九『弥生時代渡来人と土器・青銅器』雄山閣
片岡宏二　二〇〇六『弥生時代渡来人から倭人社会へ』雄山閣
金関　恕監修　二〇〇一『弥生時代の集落』学生社
金関　恕　二〇〇四『弥生の習俗と宗教』学生社
川上洋一　二〇〇七「壱岐、原の辻遺跡の楽浪系土器についての検討」『日中交流の考古学』同成社
川口洋平編　一九九六『椿遺跡』石田町文化財調査報告書第一集　石田町教育委員会
川口洋平　二〇〇二「長崎県島嶼部出土の初期貿易陶磁」『貿易陶磁研究』二二　日本貿易陶磁研究会
川道寛編　一九九八『宇久松原遺跡』宇久町文化財調査報告書第二集　宇久町教育委員会
神澤勇一　一九九〇「呪術の世界―骨卜のまつり―」『考古学ゼミナール弥生人のまつり』六興出版
岸本真美　二〇〇一『双六古墳』勝本町教育委員会
木村幾太郎　一九七九「長崎県壱岐島出土の卜骨」『考古学雑誌』第六四巻第四号　日本考古学会
木本雅弘　一九九八「国府と郡衙」『原始・古代の長崎県』通史編　長崎県教育委員会
久住猛雄　一九九九「北部九州における庄内式併行期の土器様相」『庄内式土器研究』一九　庄内式土器研究会
久住猛雄　二〇〇七「博多湾貿易の成立と解体」『考古学研究』第五三巻第四号　考古学研究会
窪添慶文　一九八一「楽浪郡と帯方郡の推移」『倭国の形成と古文献』東アジア世界における日本古代史講座三　学生社
後藤恵之輔　一九九八「壱岐・原の辻遺跡における土木構造物について」『ニュースレター』第二号　原の辻遺跡調査事務所

後藤惠之輔　二〇〇六『長崎雑学紀行』長崎文献社
佐原　真　二〇〇三『魏志倭人伝の考古学』岩波書店
澤田吾一　一九七二『奈良時代民政経済の数的研究』柏書房
鈴木公雄　二〇〇二『銭の考古学』吉川弘文館
七田忠昭　二〇〇五『吉野ヶ里遺跡』同成社
白井克也　二〇〇一「勒島貿易と原の辻貿易」『弥生時代の交易』埋蔵文化財研究会
高倉洋彰　一九九〇『日本金属器出現期の研究』学生社
高倉洋彰　一九九五「弥生時代銅銭の渡来」『出土銭貨』第三号　出土銭貨研究会
高倉洋彰　一九九五『金印国家群の時代』青木書店
高倉洋彰　二〇〇一『交流する弥生人』吉川弘文館
高野晋司　一九九五「壱岐嶋分寺と壱岐直」『風土記の考古学』五　同成社
高野晋司　一九九六「壱岐嶋分寺跡」『原始・古代の長崎県』資料編Ⅰ　長崎県教育委員会
武末純一　一九八三「壱岐・対馬」『三世紀の考古学』下　学生社
武末純一　一九九六「邪馬台国への道」『考古学による日本歴史』五　雄山閣
武末純一　二〇〇二『弥生の村』山川出版社
田崎博之　一九八五「須玖式土器の再検討」『史淵』第一二二号　九州大学文学部
田中聡一編　二〇〇六『双六古墳』壱岐市文化財調査報告書第七集　壱岐市教育委員会
田中聡一　二〇〇七「壱岐島の古墳について」『西海考古』第七号　西海考古学会
田中健夫訳（申叔舟著）　一九九一『海東諸国紀』岩波書店
都出比呂志　二〇〇五『前方後円墳と社会』塙書房
常松幹雄　一九九一「伊都国の土器・奴国の土器」『古代探叢』Ⅲ　早稲田大学出版部

常松幹雄　一九九三「庄内式の時代（玄界灘沿岸）」『考古学ジャーナル』三六三　ニーサイエンス社
寺井　誠　二〇〇七「日本列島出土楽浪系土器についての基礎的研究」『古文化談叢』第五六集　九州古文化研究会
寺澤　薫　一九九〇「青銅器の副葬と王墓の形成」『古代学研究』第一二一号　古代学研究会
寺澤　薫　一九九八「集落から都市へ」『古代国家はこうして生まれた』角川書店
寺澤　薫　一九九九「紀元五二年の土器は何か」『考古学に学ぶ』同志社大学考古学シリーズⅦ　同志社大学文学部
寺澤　薫　二〇〇〇『王権誕生』日本の歴史二　講談社
寺澤　薫　二〇〇三「時は銭なり」『初期古墳と大和の考古学』学生社
東野治之　一九九七『貨幣の日本史』朝日新聞社
鴇田忠正　一九四四「長崎県壱岐郡田河村原ノ辻遺跡の研究」『日本文化財研究』星野書店　一九九七
中尾篤志　二〇〇四「『一支国』における生産基盤」『考古論集』河瀬正利先生退官記念論文集
中尾篤志　二〇〇四「弥生時代における植物利用」『日韓交流の考古学』九州大学・嶺南考古学会
中上史行　一九九五『壱岐の風土と歴史』昭和堂
永留久恵　一九九八『海神と天神』白水社
永留久恵　一九九七『海人たちの足跡』白水社
永留久恵　二〇〇三「対馬が一番好かった時代」『海人と海道』シンポジウム「海人と海道」実行委員会・厳原町・長崎県考古学会
奈良県香芝市二上山博物館編　二〇〇六『邪馬台国時代のツクシとヤマト』学生社
西嶋定生　一九九四『邪馬台国と倭国』吉川弘文館
西谷　正　一九九八「農耕文化の展開と社会の変化」『原始・古代の長崎県』通史編　長崎県教育委員会
禰宜田佳男　一九九八「石器から鉄器へ」『古代国家はこうして生まれた』角川書店
能登原孝道・中野伸彦・小山内康人　二〇〇七「いわゆる『頁岩質砂岩』の原産地について」『九州考古学』第八二

号　九州考古学会
朴　天秀　二〇〇七『加耶と倭』講談社
橋口達也　二〇〇五『甕棺と弥生時代年代論』雄山閣
林　隆広　二〇〇六「原の辻遺跡と舟」『原の辻ニュースレター』第二六号　原の辻遺跡調査事務所
平川敬治・岩永省三　一九八五『串山ミルメ浦遺跡』勝本町文化財調査報告書第四集　勝本町教育委員会
平川　南　一九九五「長崎県壱岐郡原の辻遺跡出土の木簡」『原の辻遺跡』長崎県文化財調査報告書第一二四集　長崎県教育委員会
広瀬和雄編　一九九八『都市と神殿の誕生』新人物往来社
広瀬和雄　二〇〇三『前方後円墳国家』角川書店
広瀬和雄　二〇〇三『日本考古学を疑う』洋泉社
福田一志・中尾篤志編　二〇〇五『原の辻遺跡総集編Ⅰ』原の辻遺跡調査事務所調査報告書第三〇集　長崎県教育委員会
福永伸哉　二〇〇一『邪馬台国から大和政権へ』大阪大学出版会
本田秀樹・副島和明　一九八八『カジヤバ古墳』芦辺町文化財調査報告書第三集　芦辺町教育委員会
松井　章　二〇〇五『環境考古学への招待』岩波書店
松永泰彦　一九八一「壱岐島北部における古墳の現状」『壱岐』第一五号　壱岐史蹟顕彰会
水野正好　二〇〇〇『島国の原像』日本文明史二　角川書店
宮﨑貴夫　一九九五「五島列島の弥生・古墳時代の墓制と文化」『風土記の考古学』五　同成社
宮﨑貴夫　一九九八「壱岐の弥生文化」『原始・古代の長崎県』通史編　長崎県教育委員会
宮﨑貴夫　一九九八「壱岐原の辻遺跡の弥生時代船着き場」『環濠集落と農耕集落の形成』九州考古学会・嶺南考古学会

宮﨑貴夫　一九九九「対馬国・一支国」『一支国と魏志倭人伝の国々』原の辻遺跡シンポジウムⅢ　長崎県教育委員会
宮﨑貴夫　二〇〇〇「一支国」「環濠集落と弥生都市」「卜骨」『倭人伝の国々』学生社
宮﨑貴夫　二〇〇〇「原の辻遺跡の朝鮮半島土器について」『原の辻ニュースレター』第五号　原の辻遺跡調査事務所
宮﨑貴夫　二〇〇〇「日本本土から運ばれた土器」『原の辻ニュースレター』第六号　原の辻遺跡調査事務所
宮﨑貴夫　二〇〇一「原の辻遺跡における歴史的契機について」『西海考古』第四号　西海考古学会
宮﨑貴夫　二〇〇二「「都市的」拠点集落における交流と分業の検討　長崎県原の辻遺跡」『日本考古協会二〇〇二年度橿原大会研究発表資料集』　日本考古協会二〇〇二年度橿原大会実行委員会
宮﨑貴夫編　二〇〇二『発掘「倭人伝―海の王都、壱岐・原の辻遺跡』長崎県教育委員会
宮﨑貴夫　二〇〇三「馬韓から運ばれた土器」『原の辻ニュースレター』第一六号　原の辻遺跡調査事務所
宮﨑貴夫　二〇〇五「土器（弥生土器・古式土師器・朝鮮半島系土器）」『原の辻遺跡総集編Ⅰ』原の辻遺跡調査　事務所調査報告書第三〇集　長崎県教育委員会
宮﨑貴夫　二〇〇五「捨てられた甕棺」『西海考古』第六号　西海考古学会
宮﨑貴夫　二〇〇五「一支国」『古代九州』別冊太陽　平凡社
宮﨑貴夫　二〇〇八「壱岐・原の辻遺跡における弥生時代の渡来集団」『考古学ジャーナル』第五六八号　ニューサイエンス社
宮﨑貴夫　二〇〇八「原の辻遺跡における船着き場の風景」『原の辻ニュースレター』第三〇号　原の辻遺跡調査事務所
宮本長二郎　一九九七「弥生の大型建物」『歴史九州』第七巻五号　九州歴史大学講座事務局
森井貞雄　一九九五「千余戸・三千許家」『邪馬台国への海の道』大阪府立弥生文化博物館

森岡秀人　二〇〇三「貨幣」『東アジアと日本の考古学Ⅲ　交流と交易』同成社
森　浩一　一九九三「海の生活」『日本通史』第一巻　岩波書店
柳田康雄　一九八七「高三潴式と西新町式土器」『弥生文化の研究』四　雄山閣
柳田康雄　一九九一「土師器の編年　九州」『古墳時代の研究』六　雄山閣
山尾幸久　一九六二「政治権力の誕生」『岩波講座日本歴史』岩波書店
楊　泓　一九八五『中国古兵器論叢』関西大学出版部
横山　順　一九八九「壱岐のト部」『串山ミルメ浦遺跡』勝本町文化財調査報告書第七集　勝本町教育委員会
横山　順　一九九〇「壱岐の古代と考古学」『玄界灘の島々』小学館
横山　順　一九九一「壱岐の人口」『「邪馬台国」人口論』柏書房
李　祖徳　一九九五「漢代の市」『中国の古代都市』汲古書院
分部哲秋　二〇〇二「原の辻出土の人骨について」『平成十四年度長崎県考古学総会資料』長崎県考古学会
渡辺　誠　一九九五『日韓交流の民族考古学』名古屋大学出版会

※なお、遺跡の内容については、長崎県教育委員会と壱岐市教育委員会（芦辺町・石田町教育委員会）刊行の報告書等を基礎資料として使わせていただいた。

# あとがき

原の辻遺跡は、弥生時代前期後葉（紀元前三世紀後葉頃）に集落が形成され、弥生時代中期前半（紀元前二世紀頃）に環濠をもつ大集落として成立し、一支国の王都（国邑）の対外交渉・交易の拠点して繁栄するが、古墳時代前期の四世紀中頃に解体・消滅する。本文では、そのような原の辻集落の変遷と成立基盤である交流・交易の状況などを中心として叙述してきた。

原の辻遺跡は、まだ約一〇％が発掘されたにすぎない。今後も調査が継続され、いろんな発見が期待される。これから発見が予想されるものは、一支国を治めた王の墓、対外交渉にかかる文字関係の資料（木簡・竹簡、封泥、筆、硯）、外洋船の船材、川舟、卑弥呼の使節が授与された銀印（卒善中郎将印）などがあげられる。中国の『後漢書』には、一六六年に大秦国安敦《あんとん》なる者が、今のベトナム中部にやってきたことが記されている。それは、ベトナムのオケオ遺跡において、皇帝マルクス・アウレリウス（在位一六一～一八〇年）の刻印された古代ローマ金貨が出土していることで裏付けられている（辛島昇『海のシルクロード』二〇〇〇）。そのことから、ローマ金貨が原の辻遺跡まで運ばれてきていないかと想像をふくらますことができる。現在建設が進められている一支国博物館のグランドテーマは、「時空を翔るシルクロード・壱岐」である。もし金貨が出土することにでもなれば、名実ともに海のシルクロードの到着点となってしまうが、そんな夢を思い描くことができるのも、古代ローマ帝国と中国は海のシルクロードでつながっており、その後漢帝国と日本列島を結ぶ結節点が原の辻遺跡であったからである。しかし一方で、このような脚光を浴びるような発見に注目していくだけでなく、国特別史跡指定において評価された「弥生時代の国の中心集落の構造や実態を解明できる遺跡」としてのさまざまな課題について、今後も計画的な調査と研究を地道に進めていく必要があると思われる。

今回、本書の執筆の機会をいただいたが、遺跡の変遷等の枠組みをとらえることを念頭においたので、遺跡での具体的な暮らしぶりについての説明が不足してしまったことを反省している。この生活誌については、二〇〇一（平成一三）年度の遺跡展図録『発掘「倭人伝―海の王都、壱岐・原の辻遺跡」（二〇〇二）や、その概要版のパンフレットの『壱岐・原の辻遺跡』（二〇〇二）を併せて参照していただきたい。

二〇一〇（平成二二）年春には、一支国博物館が開館し、年度中に原の辻遺跡の第一期保存整備が整ってくる。双方が完成した二〇一〇年には多くの方々が壱岐を訪れ、『魏志倭人伝』の海の王都を体感していただきたいと願っている。復元された原の辻遺跡に立って、中国の魏王朝から倭の邪馬台国をめざして一支国の王都に立ち寄った使者たちが眺めたであろう「弥生の原風景」のなかで、古代への思いを馳せていただければ幸いである。その際に、本書を原の辻遺跡を深く知っていただくための手引として携えていただければ筆者としてこの上もない喜びである。

本書は、壱岐の歴史・文化について多くの指導と教示をいただいたが故人となられた横山順、松永泰彦両氏、また、調査と整備について指導をいただいている原の辻遺跡調査指導委員会、整備委員会の各委員の先生方をはじめ、原の辻遺跡調査事務所および壱岐市のスタッフほか、原の辻遺跡に関わりをもった多くの関係者の方々のご尽力があって明らかになった調査成果、整備内容についてまとめさせていただいたものである。最後になったが、皆様に心から感謝申し上げたい。

なお、本書は、参考文献に掲載した拙稿を改稿補筆して執筆したものである。また、本書を執筆するにあたり、長崎県（文化施設整備室）および県教育委員会（学芸文化課・原の辻遺跡調査事務所）と壱岐市（旧四町）教育委員会（文化財課）が編集・発行した調査報告書・図録・広報誌を参考にし、挿図・図版を使用させていただいた。

菊池徹夫
坂井秀弥　企画・監修「日本の遺跡」

# 32　原《はる》の辻《つじ》遺跡《いせき》

**■著者略歴■**

**宮﨑貴夫**（みやざき・たかお）

1949年、福岡県生まれ
明治大学文学部史学地理学科卒業
長崎県教育庁原の辻遺跡調査事務所課長
主要論文等
「原の辻遺跡における歴史的契機について」『西海考古』第4号　2001
「長崎県壱岐出土の弥生時代中国銭貨」『出土銭貨』第20号　2004
「壱岐・原の辻遺跡における弥生時代渡来集団」『考古学ジャーナル』第568号　2008ほか

2008年11月10日発行

著　者　宮　﨑　貴　夫
発行者　山　脇　洋　亮
印刷者　亜細亜印刷㈱

発行所　東京都千代田区飯田橋 4-4-8　東京中央ビル内　(株)同成社
TEL 03-3239-1467　振替 00140-0-20618



ISBN978-4-88621-462-1 C3321

シリーズ　日本の遺跡

菊池徹夫・坂井秀弥　企画・監修　　四六判・定価各1890円

【既刊】

①西都原古墳群　南九州屈指の大古墳群　北郷泰道
②吉野ヶ里遺跡　復元された弥生大集落　七田忠昭
③虎塚古墳　関東の彩色壁画古墳　鴨志田篤二
④六郷山と田染荘遺跡　九州国東の寺院と荘園遺跡　櫻井成昭
⑤瀬戸窯跡群　歴史を刻む日本の代表的窯跡群　藤澤良祐
⑥宇治遺跡群　藤原氏が残した平安王朝遺跡　杉本　宏
⑦今城塚と三島古墳群　摂津・淀川北岸の真の継体陵　森田克行
⑧加茂遺跡　大型建物をもつ畿内の弥生大集落　岡野慶隆
⑨伊勢斎宮跡　今に蘇る斎王の宮殿　泉　雄二
⑩白河郡衙遺跡群　古代東国行政の一大中心地　鈴木　功
⑪山陽道駅家跡　西日本を支えた古代の道と駅　岸本道昭
⑫秋田城跡　最北の古代城柵　伊藤武士

⑬常呂遺跡群　先史オホーツク沿岸の大遺跡群　武田　修
⑭両宮山古墳　二重濠をもつ吉備の首長墓　宇垣匡雅
⑮奥山荘城館遺跡　中世越後の荘園と館群　水澤幸一
⑯妻木晩田遺跡　甦る山陰弥生集落の大景観　高田健一
⑰宮畑遺跡　南東北の縄文大集落　斎藤義弘
⑱王塚・千坊山遺跡群　富山平野の弥生墳丘墓と古墳群　大野英子
⑲根城跡　陸奥の戦国大名南部氏の本拠地　佐々木浩一
⑳日根荘遺跡　和泉に残る中世荘園の景観　鈴木陽一
㉑昼飯大塚古墳　美濃最大の前方後円墳　中井正幸
㉒大知波峠廃寺跡　三河・遠江の古代山林寺院　後藤建一
㉓寺野東遺跡　環状盛土をもつ関東の縄文集落　江原・初山
㉔長者ケ原遺跡　縄文時代北陸の玉作集落　木島・寺崎・山岸

㉕侍塚古墳と那須国造碑　下野の前方後方墳と古代石碑　眞保昌弘
㉖名護屋城跡　文禄・慶長の役の軍事拠点　高瀬哲郎
㉗五稜郭　幕末対外政策の北の拠点　田原良信
㉘長崎出島　甦るオランダ商館　山口美由紀
㉙飛山城跡　下野の古代烽家と中世城館　今平利幸
㉚多賀城跡　古代国家の東北支配の要衝　高倉敏明
㉛志波城・徳丹城跡　古代陸奥国北端の二城柵　西野　修
㉜原の辻遺跡　壱岐に甦る弥生の海の王都　宮﨑貴夫

【続刊】

㉝吉川氏城館跡　中世安芸の城館と寺院群　小都　隆